东盟数字农业发展报告

农业农村部对外经济合作中心 / 编著

曲娇 涂颖 郗雨婷 / 译

中国出版集团

中译出版社

图书在版编目（CIP）数据

东盟数字农业发展报告 / 农业农村部对外经济合作中心编著；曲娇，涂颖，郗雨婷译. -- 北京：中译出版社, 2025. 2. -- ISBN 978-7-5001-8135-4

Ⅰ. F333.03-39

中国国家版本馆CIP数据核字第2024ZR5149号

东盟数字农业发展报告

DONGMENG SHUZI NONGYE FAZHAN BAOGAO

出版发行：中译出版社

地　　址：北京市西城区新街口外大街28号普天德胜主楼4层

电　　话：（010）68359827；68359303（发行部）；68359725（编辑部）

传　　真：（010）68357870

电子邮箱：book@ctph.com.cn

邮　　编：100088

网　　址：http://www.ctph.com.cn

出 版 人：刘永淳　　　　　　　　出版统筹：杨光捷
总 策 划：范　伟　　　　　　　　策划编辑：刘瑞莲
责任编辑：刘瑞莲　　　　　　　　执行编辑：董思嫄

封面设计：潘　峰
排　　版：北京中文天地文化艺术有限公司
印　　刷：三河市国英印务有限公司
经　　销：新华书店

规　　格：710 mm × 1000 mm　1/16
字　　数：86千字
印　　张：12.25
版　　次：2025年2月第1版
印　　次：2025年2月第1次

ISBN 978-7-5001-8135-4　　　　　定价：88.00元

编委会

主　　任：隋鹏飞　张陆彪

副 主 任：倪洪兴　郭立彬

委　　员：刘　江　刘翔洲　姜　晔　张　斌

主　　编：郭立彬

执行主编：Paul P. S. Teng　姜　晔　张　斌

副 主 编：徐佳利　曹　畅

编写组成员：魏田军　宛虹翔　张纯如　卢　琰　刘珍贵

　　　　　　茹　蕾　张　弦　杨程方　蔡予熙　仪晓迪

　　　　　　杨　涛　张怀墨

序　言

　　数字经济是世界经济发展的重要方向。促进数字技术创新，加快数字技术在农业农村领域应用，加速农业农村数字化转型是中国和东盟国家面临的共同课题。

　　近年来，中国持续推动智慧农业和数字乡村建设。《中华人民共和国国民经济和社会发展第十四个五年规划和2035年远景目标纲要》提出，"加快发展智慧农业，推进农业生产经营和管理服务数字化改造"。此后，中国农业农村部和相关部委联合印发了《数字乡村发展行动计划（2022—2025年）》《"十四五"全国农业农村信息化发展规划》《"十四五"数字农业建设规划》等，对农业全产业链数字化转型、乡村治理和公共服务信息化做出部署；2024年5月还印发了《数字乡村建设指南2.0》，进一步明确智慧农业、数字乡村"建什么、怎么建、谁来建"。

目前，中国数字农业农村建设已取得积极进展。一是农村网络基础设施明显改善，行政村通 5G 比例超过 80%。农村地区互联网普及率 66.5%，较 2018 年增长 28.1%，农村网民规模 3.26 亿人，增速超过城镇网民[1]。二是信息化应用推广水平不断提高，全国六类涉农政务服务事项综合在线办事率 68.2%，2022 年农业生产信息化率提升至 27.6%[2]。截至 2023 年，累计支持建设 31 个国家智慧农业创新中心、分中心和 97 个国家智慧农业创新应用基地。全国涌现出越来越多的智慧果园、智慧菜园、智慧牧场、智慧渔场。三是乡村数字经济新业态持续壮大[3]，2023 年全国农村网络零售额 2.49 万亿元，全国农产品网络零售额 5870.3 亿元，分别较 2018 年增长 81.75%、154.68%，这得益于 3000 个县级电商公共服务中心、物流配送中心，15.8 万个村级电商服

---

1 中国互联网络信息中心发布的第 53 次《中国互联网络发展状况统计报告》，数据截至 2023 年 12 月。

2 《中国数字经济高质量发展报告（2023）》。

3 2024 年 4 月 12 日《农民日报》文章，即《农村地区互联网普及率达到 66.5%，有哪些推动因素？》。

务站点的支撑。四是数字惠民服务扎实推进[1]，"互联网＋教育""互联网＋医疗健康"等服务不断向农村地区覆盖，截至 2023 年 6 月，农村在线教育用户规模 6787 万人，普及率 22.5%；农村在线医疗用户规模 6875 万人，普及率 22.8%。随着手机成为新农具，数据成为新农资，越来越多的中国农村居民正在享受到数字技术带来的经济效益和便利生活。

推动数字化转型是东盟一体化的重要内容，《东盟数字总体规划 2025》提出要将东盟建成"领先的数字社区和经济集团"。东盟各国纷纷出台政策文件，支持包括数字农业在内的数字经济发展。中国与东盟是命运与共的友好近邻，在农业领域一直保持着良好合作关系。独乐乐不如众乐乐，"全球数字经济是开放和紧密相连的整体，合作共赢是唯一正道"。数字农业合作预期将成为中国与东盟未来农业合作的新领域、新亮点。

2023 年是中国—东盟农业发展和粮食安全合作年，数

1　2024 年 4 月 12 日《农民日报》文章，即《农村地区互联网普及率达到 66.5%，有哪些推动因素？》。

字农业是合作年的主要内容之一。2023 年 9 月，第 26 次中国—东盟领导人会议发布《中国—东盟关于深化农业合作的联合声明》，提出推动数字农业、绿色农业等领域创新合作。为推动本区域共同把握数字经济发展机遇，增进彼此了解，促进数字农业新技术、新主体和新模式创新，助力区域农业农村可持续发展，我们组织有关专家成立编写组，开展了中国和东盟数字农业研究。通过案头研究、实地调研、访谈等多种方式，梳理中国和东盟各国数字农业基本情况、发展潜力等，并以典型案例的形式进行详细分析。本书是此项工作的成果之一。

本书从东盟数字农业发展视角出发，从提供资料、参考、工具的角度，以点、面相结合的方式，帮助读者更好地了解东盟国家的数字农业。希望本书成为读者接触、理解东盟国家数字农业的开始。借助从本书中吸收到的信息，认识和了解现在，寻找和发现机会，更重要的是展望和开创未来。

本书得到了亚洲合作资金的支持，是农业农村部对外经济合作中心和新加坡南洋理工大学 Paul P. S. Teng 教授团队共同合作的结晶。本书的主要编著者——Paul P. S. Teng 教授是一位资深农业研究学者、企业家、国际咨询专家，30 余年来长期从事粮食安全、农业食品领域的工作。编写过程中，本书还得到了农业农村部国际合作司的指导，中国农业大学、农业农村部信息中心、农业农村部大数据发展中心、中国农业科学院农业资源与农业区划研究所、北京市农林科学院等单位也提出了宝贵建议。在此，一并致以诚挚谢意。

衷心希望本书能够对关注东盟及数字农业国际合作的读者有所裨益。

编委会

2024 年 6 月

目　录

1

综述

本书深入研究了东盟地区农业数字化发展现状。总体而言，东盟地区对数字农业的关注仍处于起步阶段，因为数字农业在 21 世纪第四次工业革命到来之时才应运而生。对于东盟粮食与农业系统的主要利益攸关方而言，数字化在农业领域的应用仍是颇为陌生的概念，需要进一步的研究和探索。东盟各国对此高度重视，积极推动数字农业的发展。东盟农业与林业部长会议于 2021 年发布了《东盟粮食和农业部门数字技术应用指南》，这标志着东盟在推进数字农业方面迈出了重要步伐。

数字技术对东盟具有重大意义，有助于解决农业领域面临的多重问题和挑战。例如，可以通过农场管理和专家咨询软件提升作物生产力，利用数字工具监测作物、诊断病虫害等。本书还关注了影响粮食和营养安全保障的关键问题，如气候变化导致的干旱、洪涝等极端天气事件以及土地和水资源利用效率低下等，并探讨了数字化工具能够为这些问题提供的潜在解决方案。

为促进农业数字化在粮农价值链中的有效应用，本书提出了三个关键切入点：农业生产中的数字技术（农业技术）、农业供应链中的数字技术（区块链），以及数字金融服务中的数字技术（金融科技）。鉴于农业领域的数字化刚刚起步，本书提出的分类方法可为东盟国家建立健全相关政策提供一定的参考。基于现有研究，本书还展望了东盟数字农业在上述三个方面的发展路径。在农业技术方面，东盟未来的发展目标是"智慧农业技术成为农民的普遍共识"，实现"农场和渔场环境信息 360° 实时获取"；在区块链和金融科技方面，东盟的发展目标是"所有农业投入和产品都能通过数字市场进行采购"以及"所有农产品都能通过数字 ID 进行供应链溯源"。

在东盟各国之间，粮农系统数字技术的应用情况存在显著差异，且技术类型各异。

在农业生产领域，数字化的主要应用对象为农作物，在渔业和水产养殖领域也有初步的尝试。数字技术最普遍的应用场景是农场管理和专家咨询，涉及线上线下管理应用程序、病虫害诊断应用程序和无人机等设备。然而，挑战依然存在，如缺乏使用无人机等新技术的专业知识和技能，以及技术成本较高等问题。实时传感器在农业领域的应用也受限于互联网接入有限、启动和维护数据基础设施以及数据分析成本较高等因素。由于农民预算有限且缺乏相关培训，农业自动化在东盟地区尚未普及。在区域和国家层面，尚未建立起面向农民的中央数据共享系统，仅有国家层面的农业宏观报告机制。在东盟各国中，印度尼西亚、菲律宾和越南在生产阶段的数字技术应用方面处于领先地位，而老挝、柬埔寨和缅甸等湄公河流域国家的技术发展则相对滞后。

在提升供应链可追溯性方面，各国政府尝试利用区块链技术（供应链数字化），但农民层面资源匮乏，同时缺乏相应的经济激励。部分国家政府部门采取相关措施推动电子商务发展，如菲律宾的送鱼上门平台 e-Kadiwa 和通用类食品电商平台 AGRIKonek，以及马来西亚的在线平台 Agro-Bazaar 等。新加坡则采取了私营部门主导的发展路线。然而，这些项目大多处于初级阶段。农业投入的数字化采购也存在类似的情况，目前的主要困难包括投入成本高、互联网连接不稳定以及农民缺乏使用相关技术的知识等。在东盟国家中，新加坡、马来西亚和印度尼西亚在供应链中应用数字技术的能力较强，而老挝、柬埔寨和缅甸则相对较弱。

　　总体而言，高收入的东盟国家网购人口占比较高。即使在新冠疫情期间，金融科技的应用率有所增长，但数字公平问题依然突出，表现为农村地区金融科技使用率低于城市地区，受教育程度较低的年长群体使用率低于受教育程度较高的年轻群体。此外，国际上缺乏对东盟地区金融数字化进展的统一监测。人们仍倾向于使用传统的银行和电子支付系统，而非使用数字和移动支付。目前，菲律宾正在试行数字技术创新，但总体来说，新加坡、马来西亚和印度尼西亚在金融科技领域实力较强。

　　显然，东盟各国在数字技术应用水平方面还存在差距。为加快数字农业应用，本书提出了九个具有较大潜力的关键影响因素：政府扶持性政策、法规和工具；融资机制与资本市场参与；相关人力资源、教育和培训投资；农业食品产销生态；协调研发、商业企业和供应链的基础设施；推动技术发展的创新和创业文化；小农户包容性机制；社会认可与产品指导；机构在农业生态中的明确作用。

虽然少数东盟国家已经享有扶持性政策和启动资金等推动因素的支持，但已取得的进展实际上是由小型初创企业推动的。此外，本书还指出了五个关键问题：（1）小农户融资问题，即小农户的资金获取挑战；（2）小农户态度问题，数字专家咨询服务推广的文化和信任障碍；（3）贸易与电子商务问题，即农业电子商务发展零散、不具规模；（4）信息和通信技术（ICT）与知识产权问题，即数字应用程序间缺乏互操作性；（5）基础设施问题，即缺乏数字化基础设施。这些问题若能得到妥善解决，将极大促进农业数字技术的广泛应用。

总体来看，东盟国家充分认识到了在气候变化和农业环境日益复杂的背景下，数字技术在助力东盟国家生产更多高品质粮食方面发挥着重要作用。然而，目前为止，所取得的进展仅惠及东盟 1 亿小农户中的少数人。因此，各国政府仍需继续努力，推动数字农业技术应用。同时，私营部门也应抓住机遇，促进小型初创企业发展数字农业，推动农业向更高水平的数字化迈进。正如联合国可持续发展目标 17 中所强调的，建立伙伴关系至关重要。

2

东盟农业及其数字技术
应用潜力

2.1 东盟国家农业概况

东盟包括 10 个成员国,根据人均国民总收入(美元)(世界银行,2022 年),可将东盟各国分为三组:第一组为高收入组,包括新加坡和文莱(人均国民总收入达到或超过 12536 美元);第二组为中高收入组,包括泰国、印度尼西亚和马来西亚(人均国民总收入在 4046 至 12535 美元之间);第三组包括柬埔寨、老挝、缅甸、菲律宾和越南,以及正在申请加入东盟的东帝汶(人均国民总收入在 1036 至 4045 美元之间)。东盟国家经济发展差距反映出部分经济体农业发展程度更高,能够更好地获得粮食,即粮食安全程度更高(亚洲开发银行,2022 年)。

东南亚约有 6.25 亿人口,中产阶级规模不断扩大,由于移民和就业因素,东南亚人口在近年来也出现了动态变化。表 2–1 列出了东盟国家和东帝汶的粮食安全相关统计数据。由于大城市就业机会更好,更易获得基础服务,所以大多数东盟国家都在经历从农村到城市的人口迁移

（Teng 和 Adriano，2021 年）。人口迁移导致东盟地区农业劳动力减少，就业向服务业和制造业转移。由于人口增长迅速，东盟地区需要更多的粮食供应，而农村地区的人口和农业部门的劳动力数量却在减少，因此该地区的粮食供应必然受到不利影响（Teng 等，2021 年）。

表 2-1　描述东南亚国家农业发展的部分数据

国家	2017 年农业用地面积占土地总面积的百分比 /%	2019 年耕地面积占土地总面积的百分比 /%	2021 年农业就业人口占总就业人口的百分比 /%	2021 年农业占 GDP 的百分比 /%	2019 年农作物多样性（丰富度指数）*	2021 年城市占比 /%	2019 年7 月人均国民总收入/ 美元
文莱	2.5	0.80	1.3（2020 年）	1.2	25	77.6	32230
柬埔寨	31.5	22.0	33.1（2019 年）	24.3	30	23.4	1530
印度尼西亚	33.2	14.0	28.3	13.8	61	53.3	4050
老挝	10.4	6.7	31.3（2017 年）	18.1	35	35.0	2540
马来西亚	26.1	2.5	10.3	9.7	47	75.6	11260
缅甸	19.6	16.8	45.3（2019 年）	21.4（2019 年）	44	33.0	1270
菲律宾	41.7	18.7	24.2	10.1	49	46.9	3850
新加坡	0.9	0.79	0.8	0.0	9	100.0	58060
泰国	43.3	32.90	32.9	8.8	69	52.3	7250

续表

国家	2017 年农业用地面积占土地总面积的百分比 /%	2019 年耕地面积占土地总面积的百分比 /%	2021 年农业就业人口占总就业人口的百分比 /%	2021 年农业占GDP 的百分比 /%	2019 年农作物多样性（丰富度指数）*	2021年城市占比 /%	2019 年7 月人均国民总收入/ 美元
东帝汶	25.6	10.4	30.2（2016 年）	13.8（2020 年）	26	30.6	2050
越南	39.5	21.6	28.9	12.4	40	34.2	3280

注：农作物多样性（丰富度指数）* 是 Teng 和 Adriano（2021 年）计算的收获农作物物种组的数量，包括单个物种。

资料来源：亚行 2022 年

十多年前，该地区农业对国内生产总值的贡献率开始下降，到了 2021 年新加坡的该比率为 0，而柬埔寨为 24.3%。尽管如此，农业仍然是农村就业和食品出口的重要来源。亚洲开发银行（简称亚行）2022 年关键绩效指标显示，在缅甸和柬埔寨等收入较低的东盟国家，农业对总体就业的贡献率分别为 45.3% 和 33.1%，农村地区的该比例更高。按产品净贸易额计算，在农业方面有盈余的东盟国家为印度尼西亚、马来西亚、泰国和缅甸，其他国家均为净进口国。

农业仍是东盟重要食品生产与供应的主要来源。东盟耕地面积约为 7000 万公顷，拥有世界上最大的两个大米出口国——泰国和越南，大米出口量占世界大米出口总量的 70% 以上。菠萝、香蕉、芒果、糖料作物、咖啡、腰果和木薯的三大出口国中均有东盟国家。该地区的半永久性及永久性农业用地使其成为世界上最大的棕榈油、椰子和橡胶生产和出口地。东盟也是海产品的主要生产和出口地，其甲壳类动物出口量为世界之首。虽然该地区大多为小农户和小生产者，但也有大规模种植园，其中以永久性农业用地居多，种植园主要生产棕榈油和橡胶。来自东盟内、外部的公共和私营投资共同促进了该地区贸易发展的强劲势头。2015 年，东盟经济共同体正式成立，其形成的统一市场会增加东盟内部贸易，这也是东盟经济共同体的核心目标。

东盟内部和全球贸易的不断增长对农业食品业发展和农业企业转型产生了显著影响（Teng 等，2021 年）。外国直接投资（FDI）增加，东盟跨境贸易快速增长，使生产过程分散，但又借由价值链（即研发、生产、加工、采购、分销）相互复杂地连接起来（经合组织，2015 年；Thun，2012 年）。全球价值链由生产、加工和分销中心组成，在发展中国家的食品和零售业中，全球价值链通常由外国直接投资驱动。如今，全球价值链正在取代现货市场和综合种植园等传统机制。许多跨国公司作为化肥和农药等农业投入的提供商、贸易商、加工商和零售商，参与到东盟全球价值链各个环节中。此外，东盟还出现了大量农业食品业实体，如丰益国际（新加坡）、正大集团（泰国）和森那美（马来西亚），其业务活动跨越供应链或价值链的多个环节，带来的收入超过 10 亿美元（Dy，2009 年）。

由此可见，生产粮食和工业产品的农业部门仍是东盟经济的重要组成部分。随着城市化水平提升，农业对 GDP 的贡献率呈下降趋势，但农业仍然是一项重要活动，是大多数东盟国家大部分农村人口主要的收入来源。东盟在大米、植物油和鱼产品等事关粮食安全的产品总体生产力和产量表明，为确保可持续的粮食安全，未来仍需保持目前的生产力和产量。

2.2　东盟农业面临的挑战

在确定数字技术可以解决哪些问题之前，应考虑东盟农业所面临的挑战，并非所有的挑战或问题都适合用数字技术来解决。

2020 年第一季度，新冠疫情尚未暴发，而此时，东南亚农业和农村部门已经面临着十分严峻的挑战。本节将对此展开讨论。

2.2.1　粮食安全水平偏低

根据经济学人智库（EIU）的年度全球粮食安全指数（GFSI）评估，东盟十国中有四个国家在全球粮食安全水平最高的国家中位居前列，但东南亚的饥饿和粮食不安全程度仍然相对较高。联合国粮农组织发布的 2019 年《世界粮食安全和营养状况》指出，2018 年，东南亚每 10 人中就有 2 人面临中度到重度的粮食不安全问题。

一般认为，粮食安全是指："所有人在任何时候都能够在物质上和经济上获得足够、安全和富有营养的粮食来满足其积极和健康生活的膳食需要及食物喜好。"[1] 经济学人智库的年度全球粮食安全指数是一个经常被引用的粮食安全评估指标，其最新排名摘录于表 2-2。全球粮食安全指数的计算标准包括四个方面，即可获得性、可负担性、质量与安全性、自然资源与复原力。其中，前三个方面包含联合国粮农组织对粮食安全的定义。

在新冠疫情暴发以前，新加坡于 2019 年被评为粮食安全水平最高的国家，尽管该国粮食自给率只有约 10%，其余 90% 的粮食需要从全球 180 多个国家进口。在全部参与排名的 113 个国家中，另有 3 个东南亚国家排名靠前，分别是马来西亚、泰国和越南。对于大湄公河次区域中的柬埔寨、老挝、缅甸，粮食安全仍然是其农业和农村发展面临的主要挑战。

2.2.2 营养状况不佳

东盟国家的传统饮食大多为植物性食物，脂肪和糖分

---

1 1996 年世界粮食首脑会议：《世界粮食安全罗马宣言》，罗马：联合国粮农组织，1996 年。

含量较低。目前正处于"营养转型"阶段，饮食中的加工食品越来越多，脂肪和糖的含量也越来越高。许多发展中国家正处于"饥荒消退"或膳食相关非传染性疾病（NCD）阶段。饮食和生活方式的改变导致超重、肥胖和膳食相关非传染性疾病发生率增加。收入较高的国家正在改变政策和行为，促使形成健康的食品环境。

表 2-2　2021 年东盟全球粮食安全指数

排名	国家	总体得分	可负担性	可获得性	质量与安全性	可持续性和适应性
28	新加坡	73.1	93.2	77.8	69.7	44.2
41	马来西亚	69.9	87.0	59.5	74.7	53.7
46	越南	67.9	84.0	60.7	70.2	52.2
63	印度尼西亚	60.2	81.4	50.9	56.2	46.3
64	泰国	60.1	83.7	52.9	45.3	51.6
67	菲律宾	59.3	71.5	55.2	65.3	41.8
72	缅甸	57.6	62.1	53.5	64.4	49.0
78	柬埔寨	55.7	74.3	54.5	54.0	33.9
81	老挝	53.1	59.7	51.8	51.7	47.0

资料来源：经济学人智库.全球粮食安全指数2022［EB/OL］.［2023-12-1］. https://impact.economist.com/sustainability/project/food-security-index.

由于东南亚城市中产阶级人口快速增长，营养过剩所造成的膳食相关非传染性疾病问题愈发令人担忧。贝恩公司报告显示，据估计，2019 年东南亚中产阶级人口约为 3.5 亿（贝恩公司）。[1]

家庭收入增加与收入中食品支出占比下降有关，收入较低的农村和城市贫困家庭往往会产生更多的食品（主要是主食）支出，从而导致粮食不安全发生率和营养不良发生率上升（见图 2-1）。

这一点尤其值得关注，因为根据亚行每年关键绩效指标中的人均 GDP 判断，大多数东盟国家的平均家庭收入水平相对较低。除新加坡和文莱外，大多数东盟国家都有相当比例的家庭低收入人口。人均低收入家庭的食品支出占收入的比例较高，食品价格上涨会导致家庭的粮食可获得性下降。根据联合国粮农组织的定义，可获得性是粮食安全的重要组成部分。

---

1 贝恩公司 . 关于东南亚新兴中产阶级的报告［EB/OL］.［2023-12-1］. https://www.bain.com/insights/understanding-southeast-asias-emerging-middle-class/.

2015 年消费者食品支出占比与人均国内生产总值之比

食品支出仅包括为居家用购买的食品，不包括在外就餐购买的食品以及酒精饮料和烟草产品。

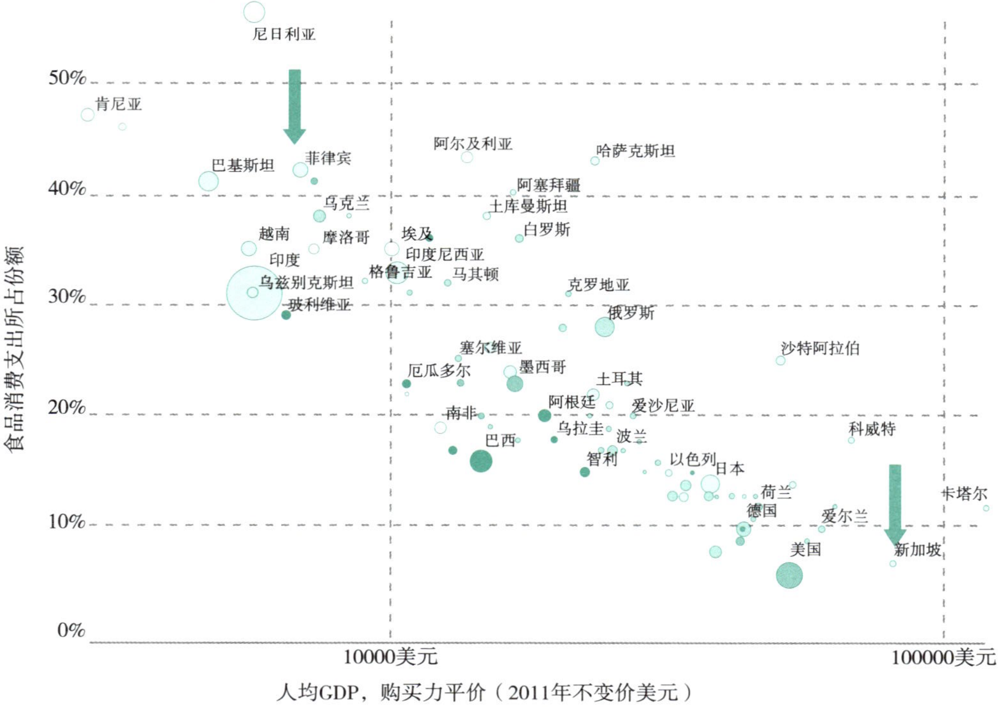

图 2-1　人均 GDP 与食品支出之间的关系

人均GDP，购买力平价（2011年不变价美元）

2.2.3　土地与淡水资源退化

在实现农业集约化的过程中，使用杀虫剂和农药导致土地退化和过度用水。人口增加、不完善或旷日持久的土地改革政策、土地碎片化以及由此引发的对小农户土地权利的不利影响等，又加剧了土地退化和过度用水问题。此外，生物多样性也因此受到不利影响。农业是使用自然资源最多的行业，占世界土地总面积的近 40%，每年约有 70% 的可再生淡水资源用于农业（Teng 和 Oliveros，2017 年）。因此，农业（含畜牧业、林业和渔业）比任何其他人类活动的环境足迹都要广泛，可能对生物多样性和生态系统造成毁灭性影响。亚洲拥有全球 40% 的森林储量，是世界上生物多样性最为丰富的地区之一，用水量超过其他地区，同时也是温室气体排放量较多的地区之一。

由于人口增长、城市化和工业化加快，用水需求迅速增加，东南亚的水安全问题日益受到关注。传统上农业用水所占比例最大，而随着工业和城市人口用水量增加，农业用水所占比例也相对减少。

几十年来，大部分东盟国家农作物用地面积在土地总面积中的占比上升，饮食偏好变化和粮食价格上涨是导致这一现象的因素之一。1970 至 2011 年，东盟农业用地面积占比从 20.2% 增至 29.4%（联合国粮农组织统计数据库）。除菲律宾和越南外，其他东盟国家的林地面积均有所减少。1990 至 2010 年，东盟林地面积年均减少率为 0.7%，总面积减少 3297 万公顷，其中柬埔寨林地面积下降幅度最大，达 285 万公顷。森林在减缓气候变化和促进碳封存方面发挥着关键作用，在保证本地区粮食安全方面也有很大潜力。

东盟地区的土地退化和水土流失问题正在加剧，耕地正被转用于其他非粮食作物种植，这是因为非粮食作物的经济回报高于粮食。东盟地区的生物燃料产量有所增加，特别是印度尼西亚和马来西亚，其次是泰国，东盟国家用甘蔗、木薯和甜高粱生产生物乙醇，用棕榈油、麻风树或辣木生产生物柴油。

2.2.4 蛋白质与动物饲料短缺

亚洲的饮食习惯表现出了对肉类和乳制品的明显偏好，

推动了东盟的畜牧生产，导致牲畜密度增加，造成了更大的环境压力。大多数东盟国家的肉类生产量较大，见表2-3。

表 2-3　2016 年东盟各国的肉类生产量

单位：万吨

国家	牛肉和水牛肉	猪肉	绵羊肉和山羊肉	家禽肉	总肉量
文莱	0.04	0.00	0.01	2.74	2.79
柬埔寨	6.50	11.11	0.00	2.70	20.31
印度尼西亚	56.11	34.23	11.48	214.72	316.55
老挝	5.35	8.27	0.22	3.19	17.03
马来西亚	5.02	21.83	0.45	167.14	194.44
缅甸	44.94	87.40	9.30	166.26	307.90
菲律宾	30.51	179.01	5.79	123.82	339.13
新加坡	0.00	1.89	0.00	10.01	11.91
泰国	14.48	94.46	0.20	167.05	276.18
越南	39.52	366.46	1.33	86.80	494.11
合计	202.47	804.66	28.78	944.43	1980.35

注：数据来源《2018 年东盟统计年鉴》

（联合国粮食及农业组织. 联合国粮食及农业组织统计数据库［EB/OL］.［2023-12-1］. http://faostat.fao.org. ）

畜牧业用水量大，集约化生产和过度放牧带来水污染和土壤退化，工业化生产采用更加单一化的畜种而破坏了遗传多样性。此外，畜牧业产生的温室气体排放会导致全球变暖。农业温室气体排放的最大来源是反刍动物等消化系统的肠道发酵产生的气体。除拉丁美洲和加勒比地区外，亚洲每公顷牛（含水牛）的数量高于其它地区，其中东南亚的密度最高，为每公顷 0.5 头。此外，该地区家禽种群密度的增长速度高于其他牲畜。

肉产量的增长导致饲料短缺，包括本地生产的饲料和进口的动物饲料，进口饲料原料通常是大豆和玉米。这些大豆和玉米大多来自美洲，受这些地区供应的制约。

2.2.5 农作物增产放缓

这里的"生产力"是指在投入量一定时的每公顷产量。所有作物的潜在和可实现产量都远高于农民的实际产量，产量差距可能高达 50%，见图 2-2。

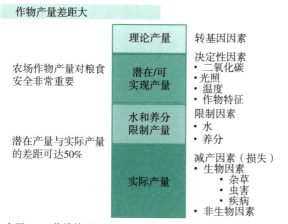

作物产量差距大

农场作物产量对粮食
安全非常重要

潜在产量与实际产量
的差距可达50%

理论产量	转基因因素
潜在/可实现产量	决定性因素 • 二氧化碳 • 光照 • 温度 • 作物特征
水和养分限制产量	限制因素 • 水 • 养分
实际产量	减产因素（损失） • 生物因素 　• 杂草 　• 虫害 　• 疾病 • 非生物因素

来源：C.T.代维特（C.T. de Wit）的生产生态学研究，荷兰瓦赫宁根

图 2-2 产量差距概念示意图

近年来，以平均总产量衡量的全球作物产量年增长率在减缓（Teng 和 Oliveros，2017 年）。1970 至 1990 年，全球谷物和油籽总产量年均增长 2.0%，但 1990 至 2007 年下降到 1.1%（见图 2-3）。未来十年，预计产量年增长率将降至 1.0% 以下。全球水稻和小麦产量最高的三个国家的产量年增长率都很低。中国、印度和印度尼西亚的水稻产量每年仅分别增长 0.7%、1.0% 和 0.4%。按照这个速度，印度和中国的人均水稻产量几乎能维持不变，但印度尼西亚的人均水稻产量会急剧下降。就所有主要作物而言，现有技

术可能会提高单位土地面积和单位用水量的产量。但是由于农艺和经济等制约因素，亚洲的农民很少能够实现超过80%的潜在产量。

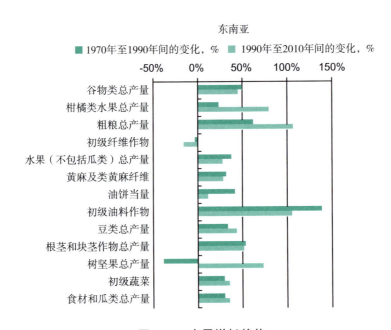

图 2-3　产量增长趋势

资料来源：Montesclaros 和 Teng，2020 年

虽然亚洲的农作物产量还在持续增长，但增长速度已低于此前。如果将 1990 至 2010 年的产量增长速度与 1970 至 1990 年做对比就会发现，1990 至 2010 年谷物产量的增

长速度较慢。粗粮、纤维作物、黄麻、油饼、油类和豆类的情况也是如此。

近年来，很多影响粮食安全的作物平均总产量呈稳步下降趋势（Grassini 等，2013 年）。1960 至 2010 年的数据显示，谷物生产大国的产量出现明显停滞（Montesclaros 和 Teng，2021 年）。产量增长减弱的主要原因包括环境因素、资源稀缺、气候变化和极端天气问题等。

亚洲各次区域作物产量增速也在减缓，尤其是水稻和小麦，长期实验数据已显示产量下降（Dawe 等，2000 年），而农民种植的平均产量增长数据也有所下降（Savary 等，2022 年）。虽然亚洲的农作物总产量继续增长，但增速不如此前，即产量增长率下降。这一现象背后有不同的解释，如土壤健康状况恶化、病虫害问题、农业生产方式的负面外部效应、气候变化影响等（Montesclaros 和 Teng，2021 年）。东南亚 1990 至 2010 年的粗粮产量增速高于 1970 至 1990 年的粗粮产量增速，这在一定程度上是东亚技术转移的结果。

虽然东盟国家有油棕等高产作物，但很多其他作物产量增速一直在下降。水稻就是一个很好的例子，实际上，农民种植水稻的产量只能达到水稻最大产量的一半（Yuan 等，2022 年）。这种"产量差距"不仅存在于水稻中，也体现在大多数作物中，粮食安全的关键挑战是如何缩小潜在产量与实际产量的差距，减少收获后的损失和浪费。在"绿色革命"的前十年，水稻和小麦的产量增速超过了人口增长带来的人均需求增速。目前，产量增速慢于需求增速仍然是亚洲粮食安全面临的重要问题，对于诸如大米一类主食的粮食安全保障则尤为如此（Yuan 等，2022 年）。

精准农业的做法已经表明，数字农业有望大幅缩小产量差距，提高产量增速，尤其是有望通过改善田间管理和及时监测变化来增加作物产量。

2.2.6 气候变化与突发极端天气影响

气候变化将对本地区农业生产产生影响。据国际食物政策研究所的估计，南亚、东亚和太平洋地区的水稻产量将下降 8%—14%，而欧洲和中亚的产量下降不足 1%；小麦生产方面，东亚和太平洋地区的小麦产量预计将增加近 2%，但南亚、欧洲和中亚的小麦产量预计将大幅下降 43%—50%；南亚的玉米产量预计将下降 9%—19%，欧洲和中亚的产量将下降 19%—38%，但对于东亚和太平洋地区来说，气候变化究竟会对农业产量产生正面或负面影响尚存在不确定性，有可能增产 9%，也有可能减产 13%（Nelson 等，2009 年）。

受气候变化、全球需求增长和膳食模式改变的影响，到 2050 年，农产品价格可能会进一步上涨，其中，大米价格上涨 113%—121%、小麦价格上涨 171%—194%，玉米价格上涨 148%—153%（Nelson，2009 年）。

根据东盟粮食安全信息系统（AFSIS）的数据，我们可以发现，气候变化的影响导致了干旱、洪水、虫害等问题，种植环境日益不稳定。事实上，仅 2020 年就有超过 140 万公顷的水稻种植区受到气候因素导致的破坏，其中 82% 以上（120 万公顷）由干旱造成，7%（11.1 万公顷）由洪水造成（https:// aptfsis.org/statistics，检索日期为 2023 年 12 月 1日，下同）。

2021 年的洪灾更为严重，造成 58 万公顷水稻受损，占当年农作物受损总面积的 84%，其次是干旱造成 9.8 万公顷农作物受损，占农作物受损面积的 14%（https://aptfsis.org/statistics）。由于过度捕捞，加之监管难度大，存在非法、不报告和不受管制（IUU）的捕捞活动，东盟地区鱼类资源不断减少，每年损失的鱼类资源达 1100 万至2600 万吨，价值 100 亿至 220 亿美元（《东盟邮报》团队，2021 年）。

2.2.7 粮食供应链中的损失与浪费

"粮食损失"主要发生在粮食供应链的上游，如收获、加工和初级产品阶段（Lipinski 等，2013 年）。造成损失的原因既有气候和环境等外因因素，也有粮食生产技术和基础设施匮乏等内因。"粮食浪费"一词，系指在分销、工业加工和消费过程中发生的损失，通常由消费者随意丢弃食品造成。至于如何收集和计算粮食损失或浪费，目前还没有明确的规定。联合国粮农组织的数据显示，发展中国家的粮食损失通常高于发达国家，而发达国家的粮食浪费高于发展中国家。粮食损失和浪费方面的准确数据很少，但一般认为供应链上游的损失可能达30%—40%。全球每年约有30%的谷物，40%—50%的根茎作物、水果和蔬菜，20%的油料种子，30%的肉类、奶制品和鱼产品被浪费。据估算，到2050年，减少损失和浪费可使粮食生产需求下降50%—70%。

2.2.8　域内和域外供应链的脆弱性

除新加坡和文莱外，大多数东盟国家的粮食自给水平较高，各国均有供应链将原材料从生产者传递给加工者，并最终交付到消费者手中。新冠疫情促使人们采取行动，确保收获和运输环节等活动和流程中的农业劳动力充足。国内供应链使农民不会因无法出售粮食或获得农业投入品而遭受损失。

从中长期看，东盟内部的粮食贸易可能超过贸易总额的25%。按照2015年12月成立的东盟经济共同体的约定精神，各国应保证政策、法规等能够促进成员国间的粮食流通。例如，在国家层面统一动植物检验检疫措施、关税、良好农业规范等贸易便利化措施，使东盟市场的一体化程度更高。与此同时，还需要改善贸易物流等基础设施，特别是各国内部和各国之间的物资和粮食运输基础设施，以保证以可负担和高效的方式完成运输。

新冠疫情使供应链面临的挑战更加明晰，即增加国内主要粮食的产量，增加国内粮食供应和促进东盟内部贸易以缩短供应链长度。

2.2.9 粮食生产总量有待提升

从区域角度看，东盟地区大部分粮食作物的自给水平（SSL）相对较高。然而，如前所述，生产力往往低于生产潜力，即单产不高，特别是与潜在的可实现产量相比，农民的人均产量较低。

大豆和小麦的大量进口，加剧了人们对东盟过度依赖进口粮食作物和饲料作物的担忧。研究表明，如果加强域内协调，有些作物可以在东盟种植（Teng，2022 年），比如小麦的进口与自产比可达 1∶270，但目前缅甸是唯一种植小麦的东盟国家。

2.2.10 农业技术转让与推广体系

新冠疫情表明，农业部门需要对粮食生产、收获、加工和运输做出快速反应，这需要快速部署新技术或新工艺，但传统的、以人力为主的推广体系无法满足这一需求。数字设备和数字化流程为连接技术供应商与农村社区，尤其是小农户带来了挑战。

目前，通过传统推广体系和改良作物品种、种植技术、施肥和灌溉等现代技术来帮助农民提高生产力，显然还需要更多努力。

2.3 农业关键问题及其数字技术应用潜力

本节所述问题源自第 2.2 节对东盟农业所面临挑战的分析。如前所述，并非所有挑战都能通过技术手段来解决，也并非所有挑战都会成为具体问题。值得注意的是，为应对有关问题，私营部门已对初创公司进行投资，见附录1。

2.3.1 主要问题

1）加强种植管理，提高产量，缩小产量差距

上述挑战背后的关键驱动因素是谷类作物生产力增长放缓，在人口众多的东盟国家尤其如此。在东南亚，水稻产量占谷物总产量的80.7%，2020年水稻产量超过18.9万吨；其次为玉米（18.9%，4.4万吨）；两者合计占谷物总产量的99.6%（Montesclaros 和 Teng，2023 年）。由于大米为该地区的主要粮食，且种植面积相对固定，其生产力的增长必须与需求增长同步，以防止未来出现粮食短缺。

然而，第一次绿色革命的前三十年（1961 — 1990 年），谷物平均生产力水平（产量）每年增长2.12%，到了后三十年（1990 — 2020 年），年增长率降至1.48%（Montesclaros 和 Teng，2023 年）（图2-4）。

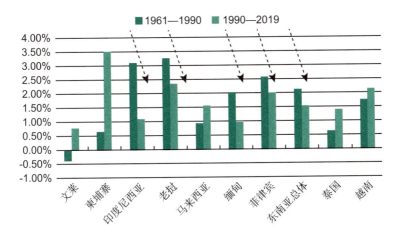

图 2-4 1961—1990 年和 1990—2019 年
东盟谷物产量年增长率

资料来源：Montesclaros，Teng 和 Caballero-Anthony，2023 年。

可采取的主要应对措施包括：

● 根据地理环境和土壤类型选择合适的作物和耕作方式

　　○　土壤检测

● 投入品和设备选择、购置

● 作物保险

● 种植时间

● 作物生产管理

　　○　农艺措施（施肥等）

　　○　用水管理

　　○ 病虫害管理

　　○ 农场管理

2）最大限度减少作物收获前的损失（非生物与生物因素）

　　东盟国家的农业每年都遭受生物因素（虫害、病害和杂草）和非生物因素（干旱、洪水等）造成的收获前损失。

3）获取新技术和新知识（农技推广和转让）

　　东盟有近 1 亿小农户，其中很多人生活在偏远地区，受教育程度低。东盟国家一般通过农业推广服务来帮助农民，向其介绍新的耕作方法和新品种等。然而，这一推广服务在帮助农民管理农作物方面效率不高，效果不佳。有些情况下，私营企业会派出自己的技术人员来进行推广，主要就公司的具体产品为农民提供建议，但这些产品并不一定非常适合某个农场。

　　可采取的主要应对措施包括：

- 在播种季节前提供新信息

- 在播种季节提供最佳建议

- 合适的收获设备和时机，以及秸秆等废弃物利用

（如回收再利用、升级再造），以尽量减少环境污染

4）小农户进入市场

尽管粮价上涨对农民有利，但农民可能无法从其产品销售利润中获得合理份额。由于中间商掌握着很大的议价能力，农民在总利润中所占份额很小。Dawe 等人（2008 年）的一项研究表明，菲律宾农民生产 1 公斤大米只能获得其中 62% 的收入，37% 的收入归碾米厂（12%）和分销商（25%）；而在泰国，农民每生产一公斤大米可获得 86% 的收入，占较大份额，碾米厂和分销商只获得 14%。菲律宾的批发和贸易商从大米贸易中获得了"超额利润"。无独有偶，一项针对印度尼西亚波尼地区的研究表明，大米到达消费者手中时，农场交货价格仅为消费者购买价格的 60%（Saadah 等，2021 年），这意味着碾米厂和批发商将大米价格抬高了 40%。

可采取的主要应对措施包括：

● 为农产品寻找最佳市场，在合适的时间以最佳价格出售

　○ 连接农场与市场

○ 及时、公平付款

● 以小农身份参与现代供应链，以及

● 满足可持续性和循环性要求

5）对小农的融资（信贷）支持

另一个挑战是资金获取，小农户需要资金才能获得提高生产力水平所需的技术。RBI 指数（Rice Bowl Index）（Teng 和 Morales，2013 年）显示，能否获得信贷支持是小农户得到所需投入、优化作物产量的重要影响因素之一。

咨询公司 Dahlberg Advisors（2012 年：15）的一项粗略分析显示，全球小农户提高生产力和可持续性所需的资金达 4500 亿美元，而当地贷款机构提供的资金总额仅为 220 亿美元，社会贷款机构提供的资金更少，仅为 3.5 亿美元。ISF Ad-visors（2019 年：10）的一份报告显示，在南亚和东南亚，小农户的短期融资需求总额达 680 亿美元，但可用资金仅为 220 亿美元，资金缺口达 68%。长期融资需求的缺口更大，为 600 亿美元，其中可用资金仅为 10 亿美元，资金缺口达 98%。世界自然基金会与万事达卡基金会农村和农业金融学习实验室的分析表明，东南亚约有 1 亿小农户，每年额外需要 1000 亿美元，与这样的需求相比，资金供应显得十分匮乏（Mikolajczyk 等，2021 年：12）。对金融市场尚不发达的低收入东盟国家而言，上述挑战更明显。

6）农业劳动力减少

东盟农业还面临着人口和劳动力市场的变化，这些变化会对粮食安全产生重要影响。东南亚的农业劳动力规模在缩小，农业劳动力占总人口的比例从 1991 年的 60% 降至 2020 年的 30%（Stads 等，2020 年）。导致这种情况的原因之一是城市化进程加快，城市人口比例从 1960 年的 23% 增至 2020 年的 61%（世界银行，2022 年）。年轻、受教育程度较高的人口从农村迁到城市，而年长的人口留在了农村，这导致亚洲农业人口老龄化程度显著上升（Rigg 等，2020 年）。例如，泰国 65 岁及以上的农民数量呈上升趋势（Poungchompu，2012 年）。留守农村的人口更加年长，受教育程度也较低。例如，菲律宾农民的平均受教育程度只有小学四年级水平（Pangilinan，2015 年）。

此外，所有东盟国家的农业总就业人数和农业对 GDP 的贡献率都有所下降（Teng 和 Montesclaros，2023 年）。

可采取的主要应对措施包括：

- 机械化

- 自动化

- 机器人技术

2.3.2　可采取的数字技术应对措施

本节将针对上节指出的问题，提出数字技术解决办法。但是，重要的一点是，需要将本节所述的数字解决方案与市场上现有的数字解决方案相联系。需要强调的是，并没有放之四海皆准的办法，能将所有应用程序统一分类，且《Grow Asia 数字解决方案目录》（Grow Asia，2021 年）和《AgFunder2022 年东盟农业食品技术报告》等各类数据库对数字技术进行了不同的分类。

下面简要列出了可采取的数字技术应对措施：

1）加强农作物管理，提高产量，缩小产量差距

- 环境遥感

- 无人机成像

- 无人机分析

- 物联网（IoT）

- 农场和农业专家咨询

- 农场管理

- 病虫害管理

- 养分管理和土壤检测

2）最大限度减少收获前的作物损失（非生物与生物损失）因素

- 病虫害管理

- 通过监测和监控发出早期预警

3）获取新技术和新知识（农技推广和转让）

- 数字化咨询和服务

4）小农进入市场

- B2B 电子商务

- B2C 电子商务

- 可追溯

- 交易平台

- 线上杂货零售

- 数字化采购

5) 对小农户的融资（信贷）支持

- 数字金融

- 保险

- 移动支付

6) 农业劳动力减少

- 机械化

- 自动化

- 机器人技术

由于东盟各国政府的政策支持和公司的大力投资，数字技术应用的类型和数量都在不断增加，因此以上所列内容可能并不全面。

2.4 东盟农业产业结构转型与技术应用

2.4.1 东盟农业产业结构转型

东盟各国处于不同的经济转型发展阶段，农业部门尤其如此，正如第 4 章所述，较发达的东盟国家拥有较先进的数字基础设施，也有能力采用数字等先进技术。

有分析（Teng 和 Adriano，2021 年；Teng 和 Montesclaros，2023 年）表明，按照数字技术创新程度，可将东盟国家分为三类（见表 2-4，改编自 Teng 和 Adriano（2021 年））。编制该表的基础是对东盟国家经济结构转型（ST）和农村转型（RT）的评估分析。其中，中低收入的国家是缅甸、老挝和柬埔寨，中高收入的是菲律宾、越南、印度尼西亚、泰国和马来西亚，高收入的是新加坡和文莱。东帝汶是唯一的低收入国家，但未列入表中。数据来源包括亚洲开发银行、东盟秘书处和世界银行等。

在中国与东盟的合作方面，中低收入的东盟国家为中国提供了更多机会，中国可协助其开展基础设施建设，挖掘数字技术需求和发展潜力。在发展基础设施的同时，还需要通过培训和教育进行人力资源开发，但这类国家中，缅甸已初步具备计算机和信息技术方面的能力。其他两类东盟国家将为公私合作和私营部门的技术推广合作创造大量机会。

表 2-4　东盟国家农业结构转型情况

	经济结构和农村结构转型路径	东南亚各国截至2020 年 7 月的人均国民总收入（美元，世行）	经济结构转型特征	农村结构转型速度
1	中低收入、发展中阶段农村转型和初步结构转型	马来西亚（1390）柬埔寨（1530）老挝（2570）	水稻、有限的高价值链（粮食／蔬菜、渔业）、林业；当地市场连通性低且薄弱，全球价值链低；由于面积扩大和技术效率提高，全要素生产率上升；主要是农场工作，部分为非农工作、海外工作	初期：农业占 GDP 的比重和农业劳动力占总劳动力的比重下降速度缓慢；全要素生产率主要体现在部门内部的变化；柬埔寨的全要素生产率体现出部门内部变化和结构变化
2	中低收入、不断扩展的农村转型、中速结构转型	菲律宾（3850）	水稻（本土＋进口），多样化的高价值链（粮食／蔬菜、渔业），加工食品／农产品、农工产品；市场连通性改善、与全球价值链联系更加紧密，以农业为基础的跨国企业蓬勃发展；全要素生产率上升（技术效率提升、技术进步），但增速放缓；机械化程度提高，兼职农业工作、非农就业、海外工作增加	中速：农业对 GDP 的贡献率降低速度越来越快，其下降速度大于农业劳动力占总劳动力的份额增长率的下降率；全要素生产率越来越依赖于结构性变化

续表

经济结构和农村结构转型路径		东南亚各国截至2020年7月的人均国民总收入（美元，世行）	经济结构转型特征	农村结构转型速度
3	中低收入、不断加强的农村转型、快速结构转型	越南（2590）	水稻（本土＋出口），高度多样化的高价值链，加工食品/以农产品为基础的产品（包括咖啡）；市场连通性增强，全球价值链联系紧密；全要素生产率更多地来自部门间的技术效率；机械化程度不断提高，兼职农业工作（更多妇女从事农业工作），大量非农就业、海外工作	快速：农业对GDP的贡献率迅速下降，农业劳动力占总劳动力的比率也随着增长速度的下降而下降；全要素生产率越来越依赖于结构性变化
4	中等偏上收入，农村转型不断扩大，结构转型处于中等节奏	印度尼西亚（4050）	水稻（本土＋进口），高价值链多样化（食品、蔬菜、渔业、林业），更多食品加工/农产品、农工种植园产品；市场连通性改善，全球价值链联系增加、以农业为基础的跨国企业增加；农业全要素生产率上升（技术效率、技术进步、部门变化），但呈现逐渐减弱趋势；机械化程度提高，兼职农业工作、非农就业、海外工作增加	中速：农业对GDP贡献率下降速度越来越快，其下降率大于农业劳动力占总劳动力的份额增长率的下降速度；全要素生产率越来越依赖于结构性变化

45

续表

	经济结构和农村结构转型路径	东南亚各国截至2020年7月的人均国民总收入（美元，世行）	经济结构转型特征	农村结构转型速度
5	中高收入，加强农村转型，结构转型趋同	泰国（7260）马来西亚（11230）	水稻（泰国为本土＋出口，马来西亚为本土＋进口），泰国高度多样化的高价值链，不断扩大的加工食品／农产品，有竞争力的农工产品（泰国）和种植园产品（马来西亚）；市场连通性加强／深化，全球价值链高度联系，以农业为基础的跨国企业不断增加；全要素生产率更多地来自部门间的技术效率；不断扩大的机械化，兼职农业工作（日趋老龄化），大量非农就业，以及进口劳动力	趋同的转折点：农业对GDP的贡献率迅速下降，但农业劳动力在总劳动力中所占份额的增长率下降更快；收入和产出生产率与非农业部门趋同；全要素生产率主要取决于结构变化
6	高收入工业化	新加坡（59590）文莱（32230）	农业部门占比最小，但：• 新加坡正在加强以农业为基础的食品和饮料研发，以弥补其极为有限的自然资源储备• 文莱面积约为新加坡的7倍，农业部门规模较大，主要种植水稻和其他小作物，但与新加坡一样依赖进口	结构转型的重点是加强新加坡的贸易、金融和制造业部门，而文莱仍在利用其天然气和其他碳氢化合物资源发展非农业部门

2.4.2 数字化相关农业政策

东盟在引领东盟国家农业发展方向方面发挥着关键作用。2021 年东盟农业与林业部长会议通过了《2021 年东盟粮食和农业部门数字技术应用指南》，以鼓励东盟国家将数字工具纳入其农业技术推广计划（Montesclaros 等，2023年）。以越南为例，虽然越南在数字化方面没有统一的明确政策，但它采取了诸多举措以加快数字工具在生产中的应用，并促进小农户使用电子商务。[1]

表 2-5 东盟国家支持农业技术改进的政策框架

国家	政策
东盟	《2021 年东盟粮食和农业部门数字技术应用指南》
文莱	文莱"2035 宏愿"：实现充满活力的可持续发展经济。 农业部门将根据第四次工业革命进行转型
柬埔寨	1. 农林渔业部 2030 年农业总体规划（ASMP） 2. 农林渔业部农业大数据平台（ABDP）
印度尼西亚	印度尼西亚农业部 2020—2024 年中期发展计划（农业部，2020 年）

---

1 越南信息通信部. 数百万农民学习如何通过电子商务销售他们的产品［EB/OL］.［2023-12-1］. https://english.mic.gov.vn/millions-of-farmers-learn-how-to-sell-their-products-via-e-commerce-197152681.htm.

续表

国家	政策
马来西亚	《国家农业食品政策 2.0》，2021—2030 年；《第十二个马来西亚计划》（2021—2025 年）
缅甸	没有专门针对数字化的政策，但有改善整体农业情况的政策。https://myanmar.gov.mm/ministry-of-agriculture-livestock-irrigation#:~:text=Myanmar's%20agricultural%20policy%20is%20to,enhance%20exports%20through%20and%20internationally，检索日期为 2023 年 12 月 1 日
菲律宾	菲律宾农渔业现代化和工业化计划，2021—2030 年
新加坡	2019 年新加坡食品故事发展计划
泰国	数字农业发展促进计划 https://www.depa.or.th/en/digitalmanpower/digital-transformation-agricultures-fund，检索日期为 2023 年 12 月 1 日

本研究表明，要实现农业现代化，东盟国家并非必须要有统一的政策框架。许多英文媒体报道了东盟国家政府部门（例如菲律宾的政府部门）已经在国家粮农体系现代化总目标下，开始落实相关计划，加大开发和应用数字技术。

3

对东盟国家农业发展具
有潜在价值的数字技术

本节将首先讨论数字技术的分类，以更好地介绍数字技术对提高东盟地区粮食生产力的作用。

3.1 数字技术的主要类型

在讨论东盟农业的数字技术应用之前，有必要先了解数字技术的"全貌"。

经济合作与发展组织（OECD，2019 年）的一份报告对数字技术进行了介绍。该报告对农业供应链进行了分类，并重点关注气候智慧型粮食生产。这些技术一般遵循精准农业的逻辑，即关注作物养分管理。随着数字技术的发展，精准农业的定义已演变为"利用高科技传感器和分析工具提高作物产量和辅助管理决策的科学技术"（McFadden 等，2023 年）。

世界经济论坛创始人克劳斯·施瓦布（Klaus Schwab）（2017 年）曾指出，过去十年，随着第四次工业革命的到来，精准农业得到了发展。施瓦布认为第四次工业革命不同于利用水和蒸汽动力实现工业生产机械化的第一次工业革命、利用电力实现大规模生产的第二次工业革命和利用电子和信息技术实现生产自动化的第三次工业革命，第四次工业革命反映了"一种技术的融合，模糊了物理、数字和生物领域之间的界限"（Schwab，2017年：2）。

在第四次工业革命到来之际，精准农业进一步发展的表现是精准农业做法的自动化实现，这就是今天为大家熟知的农业"物联网"（IoT）（Montesclaros等，2019年）。农业物联网包含三项关键技术，即数据收集技术、数据分析技术和数据分析建议的自动化实现（农业自动化）。图3-1概述了这些技术，下文将做进一步介绍。

3.1.1　数据收集技术

数据收集技术通常用于跟踪可能影响作物生长的环境因素及其变化。该技术用于监测、捕捉作物生长随环境变化而发生的变化，以便农民相应地调整农作方法。数据收集技术可以帮助农民解决病虫害这一重要问题，病虫害很容易传播到农场的其它地方，仅2022年，东南亚的病虫害就影响了近千公顷的水稻和玉米田（https://aptfsis.org/statistics），数据收集技术则可以对病虫害的传播情况予以监测。数据收集技术包括三种。

第一种是遥感技术。主要利用卫星、自动驾驶和无人驾驶飞行器（UAV）或无人机，以及手动／载人飞机。

第二种是传感技术。可对无法远程收集的情况进行实地监测，传感技术包括水量计、水质和空气质量传感器、气象站、害虫和入侵物种监测仪、农作物生长监测仪、牲畜监测仪，以及土壤质量和养分监测仪。其中还包括使用精准农业技术收集的农业数据。

第三种是众包数据采集。农民可以使用手机直接报告病虫害情况，随后，这些报告会上传至网络，农民能够即时从中获取信息，并及时采取行动。

3.1.2 数据分析技术

并非所有农民都有分析数据能力。因此，数据分析技术可与数据收集技术互为补充，将从传感器收集到的数据转化为对农民有用的建议。例如，基于传感器的分析技术有助于将从传感器获取的数据可视化，并将其转化为更易

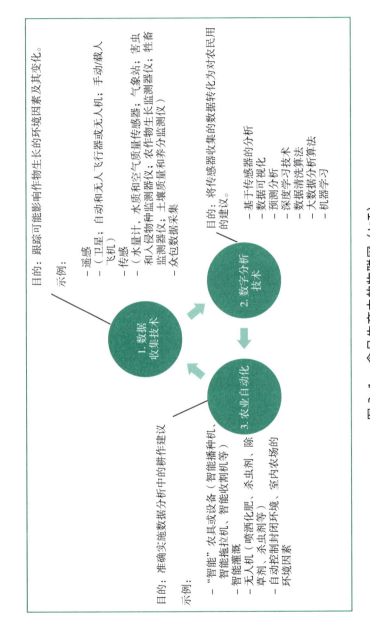

图 3-1　食品生产中的物联网（IoT）

资料来源：改编自 Montesclaros 等，2023 年

于农民理解的信息。

数据分析技术非常重要。如前所述，相比于其他行业从业人员，农民的平均受教育水平较低，农民并不是接受过培训的农学家，所以在收到传感器提供的数据后，大多数农民不清楚接下来应该做些什么，他们需要额外的帮助。

同样，并非所有农民都受过气象学培训，他们无法立刻根据气压、风速、风向和湿度等气象数据预测旱涝和降水情况，但数据分析技术中的预测分析可以预测这些气象情况，这对农民规划各个播种季节的作物至关重要。

为了处理传感器数据，数据分析中应用了深度学习技术。其中包括数据清洗算法，即去除无关数据，帮助识别测量误差（包括异常值），从而提高数据收集的准确性。数据清洗还涉及编程语言的标准化，以便其他应用程序也可以使用这些数据，以及将表格标题翻译成农民能够理解的本地语言（Montesclaros 等，2023 年）。

另一项重要的技术是大数据分析算法。它可以将 3.1.1

数据收集技术部分提及的多种传感器数据结合起来。例如，结合现场传感数据，遥感数据应用的优势就会大大提高。此外，可能还有一些干扰因素未被识别和编码为环境因素，因此无法通过遥感和传感进行跟踪监测。为此，农民的直接参与非常重要，他们可以提出有关环境因素的建议，这对于未来引入和优化监测指标，促进产量增长非常有价值。机器学习技术可以帮助改善计算机捕捉和理解持续变化的农业环境。此外，还可以利用众包应用程序对数据进行分类和标记。

3.1.3 农业自动化

第三类是农业自动化，这一类最初没有纳入经合组织（2019 年）的技术分类中，但它是气候智慧型农业的三大方面之一。农业自动化是指数据分析建议的自动实现。如前所述，这是物联网农业的一个关键特征，也是其有别于此前精准农业概念的特征。

该技术旨在更准确地实现数据分析技术提出的农作建议。例如，调整移栽时间，及时、均匀地施用农药，从而更高效地使用资金。

数据分析建议的自动化实现起源于农业机械化，包括用拖拉机耕地、播种机移栽秧苗、收割机收割作物等。第四次工业革命中的关键区别在于，将上述工具改造为"智能"农具或设备，将重复性操作交给计算机和机器，不再完全依赖人工。这种改造需基于全球定位系统（GPS），根据数据分析建议，通过编程操纵上述设备，使其能够按照规定的位置和方向移动。

将数据分析建议输入"智能收割机"、"智能播种机"和"智能拖拉机"中，使其在田间自动作业，便可以将农民的人力成本降到最低（Montesclaros，2021 年 b）。除智能机械外，还有"智能灌溉"，可以最大限度地减少植物蒸发和蒸腾造成的水分损失，从而提高用水效率。例如，印度公司 Jain 推出了一种智能灌溉产品，使农民可以了解用水量并作出相应调整，从而改善作物生长。

联合国粮农组织和国际电联（国际电联）曾指出，广泛使用的无人机或无人驾驶飞行器可以接管过去需要依靠人工完成的工作，包括喷洒化肥、农药、除草剂和杀虫剂等化学投入（Sylvester，2019 年）。

对传统精准农业的另一项改进是对封闭环境和室内环境的自动控制，涉及的环境因素包括温度、气压和湿度，以及灌溉和作物营养等，以便缩短作物的生长周期。对这些因素进行调控，还可以克服粮食生产季节性这一常见的限制因素（Montes-claros 等，2019 年）。而且，在室内环境中，农民能够实现作物的多层种植，从而显著提高粮食生产力。

因此，将数据收集、数据分析和自动化技术相结合，可以实现物联网农业生产。这些技术有助于气候智慧型农业发展，使农民可以根据环境变化自动调整农作方法。此外，通过众包应用程序采集的信息可以进一步补充完善物联网数据，使收集到的数据能够用于解决农民面临的生产挑战。

需要注意的是，上述农业生产数字技术尚不全面，除了上述技术，还有其它与农业物联网应用相关的技术。例如，数字农业专家咨询服务以离线模式为农民提供优化作物种植的方法建议（Grow Asia，2022 年）。此类服务不要求采用粮食生产自动化，也不需要建立在复杂的数据分析基础上，而是以提供服务的公司或个人的专家咨询服务为基础。

3.1.4　电子商务

在粮食系统中，仅仅实现粮食生产部门的数字化可能还不够，因为农民在与消费者或购买者建立联系，以及获得投入品方面还面临挑战。农民往往会失去产品的很大一部分价值，也就是"销售利润"，这部分价值通常会由食品加工商和分销商或交易商得到（Dawe 等，2008 年）。而电子商务提供了农民与消费者直接接触的渠道，有助于提高农民收入。图 3-2 介绍了电子商务所涉及的关键技术及其推动因素，下文将做进一步讨论。

1）分布式账本技术／区块链

电子商务建立在分布式账本技术（DLT）的基础上，联合国粮农组织和国际电联将其定义为"一种记录交易的去中心化系统，具有处理、验证和授权交易的机制，这些交易随后被记录在在不可变的账本上"（Sylvester，2019年：1）。关于分布式账本技术，另一个流行的说法是区块链，是指将每笔交易的数据分组（"区块"），并使用加密技术将数据链接在一起，以确保交易数据的安全性（https://www.investopedia.com/terms/b/blockchain.asp，检索日期为2023年12月1日）。

分布式账本技术和区块链技术使农民得以直接向消费者销售产品，在此期间，交易通过分布式账本技术受第三方监控。只有在确认收到完好无损的食品之后，消费者的付款才会转给农民。另一方面，这种技术可以让农民接触到更多数据收集、数据分析和自动化技术的提供商，还为农民支付这些技术的使用费用提供了灵活的融资选择。

2）数字金融（金融科技）

上述技术的另一个先决条件是农民和消费者能够获得充分的数字金融服务。特别是，农民和消费者需要拥有绑定其银行账户或金融账户的互联网身份和账号，以便借此接收和汇出资金，联合国亚洲及太平洋经济社会委员会称之为"金融科技"。[1]

虽然电子商务是农业物联网发展的潜在推动力，但在利用电子商务之前，仍有一些问题需要解决。例如，根据联合国资本发展基金（资发基金，2020 年）的数据，东南亚仍有 44% 的成年人没有银行账户。另一个先决条件是亚洲农村地区需要有覆盖公路和食品装卸点的高效物流系统以及稳定可靠的互联网接入。

3）数字追溯解决方案

未来，农民还可以通过数字追溯技术扩大其电子商务客户群，进而增加收入。这一技术能让消费者和政府可以通过数字追溯技术核实食品产品的来源以及生产中所用投入品的来源。例如，总部位于印度尼西亚的私营公

1　联合国亚洲及太平洋经济社会委员会．新加坡金融科技节（SFF）圆桌讨论会—亚太地区可持续金融科技的下一个前沿［EB/OL］．［2023-12-1］．https://www.unescap.org/events/2022/roundtable-next-frontier-sustainable-finance-asia-and-pacific-singapore-fintech.

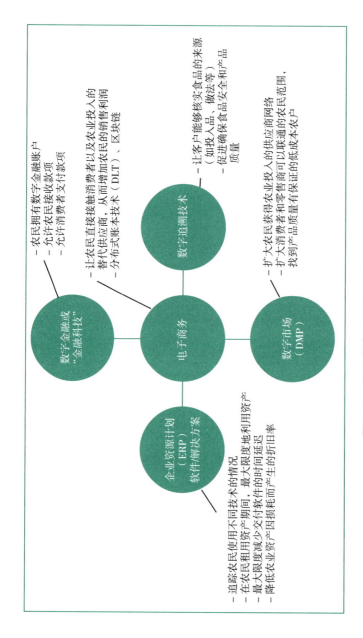

图 3-2　电子商务：数字化生产的推动力
资料来源：改编自 Montesclaros 等，2023 年

司 Koltiva 开发了一款名为"KoltiTrace"的软件。该软件利用地理定位和地图功能来追踪食品到达消费者手中之前的交易流程，包括使用的种子和化肥农药、农作方法以及物流信息（https://www.koltiva.com/，检索日期为 2023 年12 月 1 日）。

4) 数字市场

一旦农民能够展示其农业投入品的来源，并确保其食品生产方式符合消费者安全方面的监管要求，就可以通过数字市场（DMP）显著扩大其消售范围。数字市场与电子商务相辅相成，它提供了一个更广泛的网络，使农民能够获得农业投入品，使消费者和零售商能够找到产品质量有保证的低成本农户。例如，2015 年，坦桑尼亚推出了 NINAYO 应用程序，该应用程序发挥了农产品数字市场的作用，使农民不仅能以数字方式销售产品，还可以申请贷款，以更公平的市场价格购买肥料和其他技术，并在作物收获后偿还贷款（https:// www.ninayo.com/，检索日期为2023 年 12 月 1 日）。

5) 企业资源计划（ERP）软件和解决方案

另一项农业支持技术是面向农民的企业资源计划（ERP）软件和解决方案。这一技术可以跟踪农民在（租）用的各项技术设备的使用情况，并利用数据分析技术帮助优化使用计划。这可以带来多种好处：首先，ERP可以使农民在（租）用资产使用效率最大化；其次，可以最大限度地减少交付时间延误；第三，可以降低农业资产因损耗导致的折旧。

3.2 东盟农业数字技术概览

3.2.1 背景

东盟各国在采用数字技术和人工智能方面存在较大差距，不利于该地区经济竞争力转型（Loh，2020年）。东盟各行业都需要推动数字技术应用，对农业来说尤其意义重大。几十年来，农业生产力增长放缓（联合国粮农组织，2021年），表明智慧农业发展不够充分。事实上，在气候变化背景下，应用数字技术等新技术提升农业水平，满足亚

洲日益增长的人口对粮食的需求，为亚洲国家提供了价值
8000 亿新加坡元的机遇（淡马锡、普华永道、荷兰农业合
作银行，2019 年）。《东盟粮食、农业和林业合作战略计划
（2016 — 2025 年）》也提出，首要战略目标是"利用可持续
的'绿色'技术和管理系统提高产品数量和质量，并最大
限度地减少收获前后的损失和浪费"（东盟，2020 年 a，第
9 页）。这些内容融合进了疫情后制定的《东盟全面复苏框
架》（东盟，2020 年 b）。该框架提出：一是提升卫生系统，
"提高公共卫生服务能力，以便在紧急情况下采取包括食
品安全和营养在内的卫生应急措施。"二是强化人类安全，
"加强社会保护，增强弱势群体的粮食安全、食品安全和营
养。"三是最大限度开发东盟内部市场，促进更广泛的经济
一体化，"进一步增加东盟内部贸易和投资，提高供应链弹
性，完善区域价值链。"四是加速包容性数字转型，"促进电
子商务和数字经济发展""数字联通，促进信息通信技术技
术在教育中的应用，推动中小微企业数字转型。"五是向更
可持续和更具弹性的经济发展，"推动各个方面的系统变革，

特别是投资、能源、农业、绿色基础设施、灾害管理和可持续融资方面……以实现可持续和具有弹性的未来。

应该指出的是，目前还没有关于东盟国家的农业数字技术应用情况的正式和权威调查。因此，我们采用一个间接指标（代用指标）来表示其数字技术应用情况，即建立或运营的有关公司数量。使用这一指标的合理性在于，数字工具的开发、制造和部署几乎全部由私营部门完成。正如第四章将讨论的，政府部门通常主要为数字技术应用提供政策环境。

3.2.2　东盟整体情况

本节概述了东盟各国粮农系统的数字技术应用情况，下一章将介绍数字农业在东盟各国的应用情况。

东盟农业技术应用（即生产数字化）大多集中在农作物领域，在渔业和水产养殖领域也有初步应用。各国政府认为，遇到的挑战是缺乏无人机等新技术应用的专业技术知识，以及此类技术的成本较高等。同时，由于互联网接入有限、建设成本高、维护数据基础设施和分析数据的成本高，实时传感器在农业领域的应用也很有限。此外，由于预算有限、农民缺少使用自动化设备的培训等，自动化尚未在东盟农业生产中普及。东盟和东盟各国内部尚未形成深入到农户层面的中央数据共享框架。总体来看，数据共享一般通过国家农业报告的形式进行。

数据显示，在所有数字技术中，东盟国家农业生产中的主要数字技术应用是农业专家咨询服务，即依据数字信息优化生产，提高产量，以及提供气候智慧型农业生产信息等。有些公司还提供与天气、遥感、物联网技术相关的解决方案。在柬埔寨、印度尼西亚、马来西亚、缅甸、菲律宾、文莱和越南，不少公司提供此类服务，其中，一些公司仅专注于农民专家咨询服务，包括 Crop Base（马来西亚）、Greenway、Hub 和 Htwet Toe（缅甸）以及 GREENCoffee（越南）。印度尼西亚的这类公司数量最多，其次是越南和菲律宾。

虽然有很多公司只提供农业专家咨询服务，但也有不少公司提供综合服务，也就是说，农业专家咨询服务是与其它服务相关联的。比如，农业专家咨询服务与农民管理服务相关联，形成综合的数字生产技术服务，其目标不仅仅是提高农业生产技术，也是最大限度地提高农民的收入和利润。SIPINDO（印度尼西亚）就属于这种情况。Grow Asia 的数据库中还有 FarmApp 也是这类服务，只不过是针对非洲国家的农民。再比如 Agrio（印度尼西亚和越南）的农业专家咨询服务也与病虫害管理相关联。

在某些案例中，农业专家咨询服务还与供应链数字化相关联。在 MyCrop（印度尼西亚）、FarmCloud（印度尼西亚、柬埔寨和菲律宾）、TaroWorks（菲律宾、柬埔寨和印度尼西亚）以及 GeoTraceability（印度尼西亚、马来西亚和越南）等案例中，农业专家咨询服务与追溯解决方案相关联。农业专家咨询服务还可以与智能供应链相关联，使农民能够接触到高价值市场和有机农产品市场，如 Farmerlink（菲律宾）和非东盟地区的 SmartRisk（印度）。此外，农业专家咨询服务还可以与数字农业贸易相关联，如 Golden Paddy（缅甸、越南）。一些农业专家咨询服务还与融资数字化或金融科技关联，如 TaniFund 和 Eragano（印度尼西亚）、Cropital（菲律宾）和 Agribuddy（泰国），mySmartFarm（菲律宾和越南）公司也是这类公司，不过该公司目前仍处在初创阶段。在小农户天气指数保险（印度尼西亚、缅甸和柬埔寨）案例中，农业专家咨询服务还与保险有关联。

东盟国家均各有一家供应商，提供遥感、无人机或地面传感器。有一家遥感技术公司在印度尼西亚、马来西亚、缅甸、菲律宾、泰国和越南提供服务；一家无人机和成像技术公司在印度尼西亚、马来西亚、新加坡、泰国和越南提供服务。地面传感器和物联网方面，越南有四家提供商，印度尼西亚和菲律宾各有一家提供商。然而，只有新加坡和菲律宾拥有提供无人机分析技术的公司。此外，传感和数据分析技术在文莱、柬埔寨和老挝都不够普及，不过这也可能是因为缺少有关这些方面的报告。

农业自动化在东盟尚未普及。在许多东盟国家，农业生产一般是人工操作。为促进农业自动化，需要为农民提供低利率的资金支持，并制定相关支持性制度。泰国的水产养殖业正在进行自动化试验，如监控螃蟹软壳的自动成像警报；渔业方面也在尝试提供智慧养虾的培训，泰国有一些私营企业参与其中。小规模养殖户采用自动化技术的关键是养殖户需要在小规模使用技术的情况下也负担得起使用成本，并且在采购和维护方面获得资金支持。目前，应用自动化技术大多需要具备较大生产规模，这意味着需要国家在基础设施和生产技术方面加大投资。此外，还有一些挑战，主要是户均土地面积小和土地租赁期短，导致对农业自动化的投资缺乏吸引力。调研采访中，受访者还提到了预算有限，对农民的培训不足等挑战。

最后，就数据共享而言，目前政府的基础数据共享主要是政府数据库和网站上公布的统计数据。比如，泰国的大数据农业处于起步阶段。马来西亚的地理空间数据基础设施（MyGDI）计划已启动，这是一项政府计划，旨在建设供数据提供机构和用户共享地理空间数据的基础设施，这将使各机构之间在信息共享和合作方面建立伙伴关系，以更快、更具成本效益、更高效的方式开发地理空间产品。

负责协调MyGDI计划的马来西亚国家地理空间中心（PGN）
开发了各种地理空间信息共享平台，支持相关部门的管理
规划和决策过程。然而，东盟其他国家在建立共享、公共、
透明的数据库以及确定用户责任方面仍面临困难。

追溯解决方案是东盟私营部门提供的最常见的供应链
管理技术服务。印度尼西亚在这方面处于领先地位，有超
过12家公司提供这一服务；其次是菲律宾（7家公司），马
来西亚和越南（各6家公司）。国际化程度最高的两家公司
均在4个东盟国家提供服务，分别是SimpleAgri（印度尼西
亚、马来西亚、菲律宾和泰国）和mFish（印度尼西亚、缅
甸、菲律宾和泰国）。

只提供追溯服务的公司有neoInt（印度尼西亚、马来
西亚和菲律宾）、Blockchain Advisory、Dynamic Discounting、
Jupiter Chain（印度尼西亚、马来西亚和越南）、ScanTrust（越
南）、FarmERP（菲律宾和泰国）、eService Everywhere（马
来西亚和菲律宾）、BlueNumber（缅甸和印度尼西亚）和
Talad（泰国）。除此之外，还有少数提供综合解决方案的公

司。SimpleAgri 将可追溯与数字化生产相结合，侧重于农民管理工具服务（印度尼西亚、老挝、马来西亚和菲律宾），RT Analytics（越南）也属于此类公司。上文讨论过与农业专家咨询服务相关联的追溯技术，此处不再赘述。除此以外，追溯解决方案与物联网解决方案（包括传感器）之间也有关联，例如目前正处于测试阶段的 Sat4Rice（越南）。除与生产相结合外，也有将追溯与融资（如 在印度尼西亚、泰国和越南提供服务的 FarmForce）和移动支付（在印度尼西亚提供服务的 AgUnity）相结合的技术。

4

国别情况：东盟国家数字农业技术现状与发展趋势

本章介绍相关研究成果，研究过程中使用了现有数据库、数字技术风险基金提供的信息、对公司知情人士的采访以及编者参与国别农业项目讨论的结果。

表 4-1 和表 4-2 汇总了现有数据库和风险基金所提供的信息，并分别简要介绍了东盟各成员国的情况。分析显示，东盟各国粮农系统数字技术应用情况存在很大差异。

4.1 文莱

根据现有资料，文莱正处于数字农业技术应用的早期阶段。本研究所涉及的数据库中很少有文莱的资料。文莱政府部门的主要举措是推动使用传感器对农田进行分区监测。公共部门还向农民提供农业咨询服务，指导农民施肥和灌溉。在文莱，无人机主要用于监测作物生长情况。

在农场管理和专家咨询类别下（表 4-1），Agrome IQ 是一家比较有代表性的公司，该公司拥有农场管理软件，由管理者及农场工人分配并跟踪农场日常事务。关于该公司的报道 详 见 https://www.bizbrunei.com/2019/09/can-agromeusher-bru-neis-farms-into-the-digital-era/，检索日期为 2023 年 12 月 1 日。

4.2　柬埔寨

柬埔寨公共部门的资料显示，柬埔寨政府有农作物预警系统和营养预测系统。该国公共部门也利用数字技术进行作物分布和农业区划。私营部门主要致力于提供针对多种作物的农场管理和专家咨询（表 4–1）。据了解，柬埔寨至少有五家公司活跃在这一领域。PasarMIKRO 是一家活跃于农商领域的公司（该公司最初成立于印度尼西亚），主要从事农业、畜牧业和渔业商品交易平台方面的业务。

在柬埔寨，农业占有重要地位，农业对 GDP 的贡献率达 24%，从事农业的人口约占 33%（表 2–1）。在加强数字农业技术应用，提高农业生产力方面，该国有很大发展空间。此外，柬埔寨也在改善供应链可追溯性和采购农业投入品方面开展了一些工作，但尚未形成规模。

4.3　印度尼西亚

在使用数字技术进行农场管理和专家咨询以及确保供应链的完整性和效率（尤其是可追溯性）方面，印度尼西亚在东盟各国中处于领先地位（见表 4-1、4-2 和附录）。这也体现了印度尼西亚农业的规模性和多样性，以及粮食安全对政府和私营部门的重要性。

表 4-1　东盟各国提供农业生产数字技术的公司数量

最新资料来自 Montesclaros、Teng & Caballero-Anthony（2023 年）

资料来源：基于各数据库中的公开数据

数字生产技术（农业技术）										
	文莱	柬埔寨	印度尼西亚	老挝	马来西亚	缅甸	菲律宾	新加坡	泰国	越南
遥感（GA）	0	0	2	0	1	1	1	1	1	1
无人机成像（GA）	0	0	3	0	4	0	3	1	1	2
无人机分析（GA）	0	0	0	0	1	0	1	1	0	0
机器人技术			1					1	0	0
食品生物技术（AF）	0	0	1	0	3	0		2	1	0
农场和土地数据收集	0				2	1	0	1	0	0
物联网和精准农业（GA）	0	0	2	0	0	0	3	0	0	4
物联网和精准室内农业	0	0			2	0		7	0	0
农场管理和专家咨询（GA）	1	6		0	6	6		1	5	
病虫害管理（GA）	0	0	1	0	0	0	0	0	0	1
土壤测试（GA）	0	0	1	0	0	0	0	0	0	0
数字咨询（GSMA）	不适用	3-4	5+	0	1	5+	3-4	不适用	1	5+
智慧农业（GSMA）/PT	不适用	0	9	0	2	1	3		1	2

注：智慧农业包括新型农业系统、提高农业效率的技术以及将农业废物转化为食物或饲料的新方法。GSMA—全球移动通信系统协会；GA— Grow Asia，AF— AgFunder；PT—Paul Teng。（"绿色"代表服务不足的部门）

表 4-2　东盟各国提供数字技术的公司数量（供应链和金融科技）

最新资料来自 Montesclaros、Teng & Caballero-Anthony（2023 年）

资料来源：作者，基于各数据库中的公开数据

数字供应链技术

	文莱	柬埔寨	印度尼西亚	老挝	马来西亚	缅甸	菲律宾	新加坡	泰国	越南
B2B 电子商务（AF）	0	0	2	0	1	0	1	2	0	1
B2C 电子商务（AF）	0	0	2	0	0	0	0	0	1	0
供应链与供应链智能	0	0	7	0	2	1	2	1	2	1
可追溯性（AF、GA）	0	2		0	7	1	7	1	5	6
租用拖拉机（GA）	0	0	0	0	0	0	1	0	0	0
交易	0	0	1	0	0	1	0	1	0	1
储藏技术（AF）	0	0	3	0	0	0	0	6	0	0
生鲜电商（AF）	0	0	7	0	0	0	0	2	2	1
餐厅预订（AF）	0	0	0	0	0	0	0	0	0	0
绿色包装材料（AF）	0	0	0	0	0	0	0	1	0	0
数字餐饮应用程序/线上餐厅和预制菜（AF）	0	0		0	1	0	0	3	1	0
数字化采购（GSMA）	不适用	3-4	5+	0	3-4	0	3-4	不适用	2	5+
农业电子商务（GSMA）/PT	不适用	2		0	0	0	7		3-4	2

金融数字化（金融科技）

	文莱	柬埔寨	印度尼西亚	老挝	马来西亚	缅甸	菲律宾	新加坡	泰国	越南
融资（GA）	0	2	8	0	3	3	6	2	4	4
数字金融（GSMA）	不适用	2	3-4	0	2	5+	5+	不适用	2	2
保险（GA）	0	0	1	0	1	2	1	0	0	0
移动支付（GA）	0	0	1	0	1	0	1	0	0	0

注：GSMA—全球移动通信系统协会；GA—Grow Asia；AF—AgFunder；PT—Paul Teng（"绿色"代表服务不足的部门）

很多从事农场管理和专家咨询的公司都使用印度尼西亚本土开发的软件；其中一些公司还提供融资，激励农民采用数字技术，例如 TaniFund、Eragano Agritech 等公司。数字技术在农场管理和专家咨询中的应用还包括测绘（含使用或不使用无人机），以及向农民或管理公司（如 FARM-Mapper）收集或提供农场数据等。

印度尼西亚也有很多本土无人机公司，如提供多用途无人机的 Aero Terrascan、Garuda，以及仅提供农用无人机的 Poladrone。在无人机使用方面，印度尼西亚已出台数据保护政策和基本的网络检查制度。印度尼西亚还提供一些财政和技术支持。但无人机主要用于农作物，较少用于水产养殖业和渔业。不仅如此，该国也有其他遥感技术，如使用卫星数据等。

印度尼西亚也开始发展智慧农业，通过使用互联网、物联网（IoT）等数字技术来提高农业生产效率，以及生产昆虫等新型食物。也有一些公司提供关于环境监测的地面传感技术。

在供应链方面，印度尼西亚私营部门提供的最常见的数字技术是可追溯解决方案。该国在提供这项技术服务方面处于领先地位，有超过 12 家公司从事此项业务，JED Trade 和 NeoInt 等公司在这一领域具有一定影响力。这有力地支持了供应链中的区块链数字化，以确保食品来源、所使用的配料和生产过程的可追溯性（表4–2）。如前所述，虽然印度尼西亚等国政府大力促进提高可追溯性，但农民可使用的资源有限，也缺乏相关财政激励。

供应链方面，印度尼西亚另一个活跃的领域是电子商务，包括生鲜电商公司、"即食"或"预制菜"订购餐饮平台、B2B 电子商务平台和 B2C 电子商务平台。就电子商务而言，印度尼西亚与东盟其他国家一样开发了自己的软件系统。尽管印度尼西亚有超过 2.7 亿人口，是东盟最大的电子商务市场，但其大部分电子商务产品仍以非农产品为主。

遗憾的是，与城市消费者相比，印度尼西亚农民很少采用数字技术进行农业生产或开展电子商务。原因包括投入成本高、互联网连接不稳定以及缺乏技术知识。这一状况也阻碍了农民获取数字农业技术。

在金融科技（数字金融服务获取）方面，印度尼西亚是提供数字金融服务公司数量最多的东盟国家，活跃的公司包括 LenddoEFL 和 CROWDE。但该国应用数字技术提供农业保险服务的公司非常有限。

4.4 老挝

数据库和调查结果显示，老挝没有为生产（农业技术）、供应链和金融（金融科技）提供数字技术服务的私营企业。接受采访的政府官员表示，他们正在考虑建立针对农作物施肥和虫害的预警系统，并利用数字技术开展农作物分布统计和农业区划。

4.5 马来西亚

马来西亚制定了《国家农业食品政策 2.0》（2021—

2030年）[1] 和《第十二个马来西亚计划》（2021 — 2025 年），其重点是根据工业革命 4.0（IR4.0）和《2030 年可持续发展目标》（SDG）推动农业转型。

受大面积种植经济作物（油棕和橡胶）和大田作物（主要是水稻）的影响，马来西亚有各种各样的数字应用程序。同时，马来西亚是一个城市人口居多的国家（约76%），这影响了粮农系统的数字技术应用类型。

农业方面，无人机常用于农作物种植区域测绘，提供此项服务的公司中既有综合性公司（如大疆农业），也有专门从事农业的公司（如 Dragonfly Robotix、Poladrone）。无人机提供的数据用于经济作物种植园的设计、测绘和分析，同时 Braintree 科技等公司也使用其他方式获取上述有关数

---

1 马来西亚的《国家农业食品政策 2.0》（2021—2030 年），也称"NAP 2.0"，侧重于"拥抱现代化和智慧农业，加强国内市场和生产出口导向型产品，培养满足行业需求的人才，朝着可持续农业实践和食品系统迈进，以及创建有利的商业生态系统和强有力的体制框架"。资料来源：马来西亚常驻联合国代表赛义德·穆罕默德·哈斯林·艾迪德先生在联合国大会第 76 届会议第二委员关于议程项目 26：农业发展、粮食安全和营养的发言。2021 年 10 月 6 日，纽约，https://bit.ly/3JyXATf。

据。与其他农业国家一样，农场管理和专家咨询方面的应用程序是农业生产中数字技术应用的主要方向，提供此类服务的既有本土公司，也有国外公司（表 4-1 和附录）。马来西亚至少拥有一家土壤测试数字技术公司（Adatos）。

马来西亚也有病虫害监测项目，支持喷洒杀虫剂。政府还通过智能灌溉和基于传感器的物联网系统来促进精准农业发展。根据在线调查，我们发现该项目还需要电子政务政策的实施以及充足稳定的互联网接入。

病虫害监测项目面临的主要挑战包括：用户缺乏知识和技能；用于农作物监测的光谱辐射计或手持式热传感器等设备昂贵；农民接入互联网受限；采购成本高；数据维护和分析成本高。

马来西亚在垂直农业和室内农业（也称为"植物工厂"）方面仍处于早期阶段，这些农业类型依赖于室内数字技术和简化的物联网系统。像 Boomgrow 这样的城市农场，会使用数字技术向高端市场供应蔬菜，这些数字技术有助于帮助制定种植计划、确定收获时间，从而能够向连锁酒店供应蔬菜。PlantOS 和 Urban Farm Tech 等服务提供商还无法追溯是谁使用了其物联网系统从事室内蔬菜种植。

马来西亚也有一些公司正在试验新的模式，让小农户参与农作物生产（例如，Fefifo），并为其提供技术和资金。一家由政府支持的大型公司也在使用其专有数字系统，为从农场到零售商的整个供应链提供"全系统"管理，例如 Kulim 旗下的 FARMBYTE。

在马来西亚有一个广泛应用数字技术精确管理作物生长条件的领域，这就是食品生物技术，其中包括数控生物反应器，用于生产人造肉（例如，Umami meats）或其他类型的蛋白质（例如，Cell Agritech）。

与其他国家一样，马来西亚供应链的数字化侧重于可追溯，至少有七家公司在开展相关业务（例如，Geo Tracibility，eService Everywhere）。就电子商务而言，马来西亚仍处于相对初级的发展阶段，但在新冠疫情期间，其受关注程度有所提升。Agro Bazaar 在线平台和 Dropee 公司提供数字市场平台。在农资的数字化采购方面，马来西亚拥有基本的银行和电子支付系统。一些银行提供软贷款，支持农民采购农资。根据政府的电子采购政策，马来西亚政府网站公开透明地发布了有关政府采购流程的详细信息，并在部委和政府机构网站的招标报价栏目下发布。

在马来西亚，电子金融和电子保险是相对较新的领域，但也有 Kapitani 等金融科技公司。马来西亚的先正达基金会（Syngenta Foundation）率先为小农户提供天气指数保险，但目前尚不清楚这一做法的成效。移动支付在马来西亚小农户群体中仍未普及，而 LenddoEFL 公司正努力改变这一状况。

4.6　缅甸

缅甸农业的数字技术应用有限，主要集中在农场管理和专家咨询服务，以促进农作物生产管理。有两家本土公司提供了两款数字应用程序，其中 Htweet Toe 是一个简单易用的移动平台，由当地大学的校友开发，主要通过提供专业建议、解决方案和服务来帮助缅甸的农业社区；Green-ovator 开发的 Green Way 是一款面向农民、贸易商和农村社区的移动应用程序，涵盖了多种农作物及其市场价格，在该应用程序上，农民可以提问并选择上传照片，由经过认证的农业专家解答问题。

尽管 Satsure Sparta 公司将遥感技术用于农作物保险，但在缅甸使用远程数据采集技术尚不普遍。

尚无资料显示缅甸拥有电子商务或生鲜电商类应用程序。一家名为 mFish 的公司将可追溯纳入其供应链管理，而 AgriG8 将农场管理与金融科技相结合，给农民带来了更多经济价值。

缅甸公共部门正尝试开发针对农作物、营养状况和害虫的预警系统，以及利用数字技术进行农作物分布统计和农业区划。然而，由于目前没有相关资料，还无法确定其使用情况。目前暂未发现关于缅甸使用无人机的资料，但据说由于安全问题，在缅甸使用无人机非常受限。

在数据分析方面，大部分技术服务是传统的农作物咨询和畜牧养殖规划服务。一些国际组织提供了技术和资金支持，但农场的互联网连接问题，阻碍了数字技术的应用。

4.7 菲律宾

在菲律宾，数字技术的应用主要是农场管理和专家咨询服务（表 4-1）。其中，大多数公司主要通过促进产出最大化和投入最小化来帮助农民更高效地种植作物，提高收益，SimpleAgri 及 Cropital 公司便是其中的代表。有些公司使用了物联网系统（例如，FarmerLink，Tagani），甚至可以提供融资服务（Tagani）。菲律宾的公共部门（例如，PHIRICE，IRRI）也开发和测试了离线数字工具，以帮助农民进行农作物全面管理（例如，Rice Crop Manager）或诊断病害（例如，Rice Doctor）。一家公司结合了农场专家咨询与供应链情报收集，提供"全面农场管理"服务（SmartFarm）。

有几家当地的无人机公司提供监测服务，甚至还提供干预措施，如针对水稻、玉米和甘蔗等农作物，提供喷洒化肥、杀虫剂或除草剂（例如，BMS Agri，Agronator Philippines）服务。一家公司开展了无人机数据分析业务（Eagle-

87

sensing），另有一家公司将无人机分析数据接入物联网系统（iFarms）。

菲律宾已在中央和国家层面进行了无人机试点，但需要更多预算支持，以通过政府的农业推广等公共服务，在地方各级推广无人机技术。

调研采访中，受访者表示面临的挑战包括：农业技术推广官员和农民缺乏技术和数据管理系统方面的专业知识；缺乏无人机成像和数据处理的专业技术知识；安全问题；以及主流无人机的成本高昂。

地面传感器方面，公共部门为地面和现场环境传感提供了财政和技术支持。

与东盟其他国家一样，菲律宾在供应链管理上的数字技术应用常见于可追溯技术，主要用于确定食品的来源、使用的配料和生产过程。目前有七家以上的公司提供追溯服务。

菲律宾的电子商务生态系统非常活跃，涵盖了许多方面，如生鲜电商、电子市场、B2B 商业、"从农场到餐桌"

的线上餐厅和食品订单。Gokomodo 等公司作为农业企业和大宗商品的供应链平台发挥了积极作用。有的公司帮助小农户进入更广阔的市场（如 Agrabath Ventures、MooMart）。有的公司则对接批发商、零售商、农民和生产商（如 Sarisuki、Mio appDropee、Growsari）。例如，MAYANI 公司是发展最快的"从农场到餐桌"数字平台，已实现 60000 多名小农户与零售和商业企业的连接。

金融科技（数字金融服务获取）方面，东盟数字金融服务公司数量最多的是印度尼西亚，其次是菲律宾。菲律宾希望成为面向"金字塔底部"（Prahalad，2004 年）（即较贫穷的社会底层）的数字金融领域领导者，菲律宾中央银行启动了一个名为"Paleng QR Philippines"的电子系统，为包括小农户在内的供应商提供二维码，可用于金融转账。此外，一家由电信公司 GLOBE 支持的公司设计了"GCASH"支付系统，系统中的所有成员均有信用评级，可以获得贷款；在每个种植季节开始时，可以为需要信贷资金购买化肥等农资的小农户提供支持。

4.8 新加坡

新加坡的农业占比较小，但政府正在推动新加坡成为数字创新的开发者，使新加坡的创新产品能够推向全球。

新加坡的室内高科技蔬菜农场中，使用物联网系统的智慧（精准）农业最为常见。蔬菜种植和水产养殖都应用了多层垂直农业系统，其中包含智慧农业要素。垂直农业系统是人工系统，其用水和加肥灌溉等由控制中心控制，控制中心的数据来自于环境和作物传感器。例如，VertiVeggies、Archisen 等城市农场从事蔬菜种植，Vertical Oceans 从事对虾养殖。

在新加坡，企业利用创业孵化服务开发传感器和其他数字技术组件。孵化服务虽然不是由政府直接主导，但也得到了政府的大力支持。

新加坡 90% 以上食品从海外进口，供应链管理必然属于其大型进口商、贸易商和连锁超市的工作范围。遗憾的是，本研究未能拿到这些知名公司提供的资料，但可以肯定的是他们将区块链技术用于产品追溯；一些公司还提供通用的贸易管理数字工具（DIMUTO）。

新加坡的一些公司也在其他国家开展业务，如生产昆虫蛋白产品的 Protenga 和拥有水产养殖数据管理系统的 Wittaya aqua。

电子商务在新加坡的普及程度很高，尽管主要是非食品类商品。作为规模不断发展壮大的新加坡农业食品生态系统的一部分，生鲜电商创业公司应运而生（例如，Urban Origin，Chloropy）（Teng 等，2019 年）。编者的数据库中缺少一些新加坡非初创公司的资料，如很多受访者提及的 RedMart。一般而言，高收入国家使用互联网购物的人口比例更高，新加坡便是如此。

新加坡城市化率很高，是一个"城市国家"，其餐饮业非常发达，始终致力于在寻找简化运营流程、降低运营成本的方法。Touche 和 Ratio 等公司提供"储藏（in store）"数字技术来提高效率。

此外，新加坡在大力投资现代食品生物技术种植替代蛋白质，这需要使用数字控制系统精准控制生物反应器中的生长条件。

4.9 泰国

数字技术在泰国农业中的主要应用场景是农场管理和专家咨询服务，包括 SimpleAgri，Farmforce，FarmAI 和 Talad 等公司。与此相关的是无人机和遥感技术，包括 Thai SkyVision，Capthailand 等公司。然而，关于农场管理和专家咨询，目前尚无资料说明其普及程度和覆盖的农场面积。

无人机方面，泰国的无人机主要用于农作物，较少用于水产养殖和渔业。使用无人机需要获得泰国航空机构的批准，空域使用也可能受到限制。数字技术也用于监测和监控渔船，特别是利用船只监测系统，防止非法、不报告和不受管制的捕捞活动。传感器同样被用于作物种植和水产养殖。

政府部门的受访者表示，政府有自己的地理信息系统"GIS Agro 4.0"，用于管理农业分区并实时评估水稻、玉米、甘蔗和木薯等重要经济作物的健康状况。政府也有自己的农业区划工具（Agri Map），但侧重于主要的经济作物。泰国正利用 DLD 4.0 和 E-Smart Plus 应用程序开发移动应用，帮助农民防控动物疾病和防止非法畜牧交易。

在供应链管理领域，至少有五家公司提供追溯服务。在泰国运营的电子商务公司有 LINE MAN Wongnai、Source Trace 等，开展线上餐厅和预制菜业务的公司有 FreshKet 等。

金融科技（数字金融服务获取）方面，研究结果显示，泰国仅有为数不多的几家公司（例如，Ricult 和 iAPPS）开展了农业金融业务。

由于泰国是粮食出口国，且农业食品部门在泰国经济中发挥着重要作用，数字技术的普及率有望大幅提高。泰国数字农业或许已经发展得欣欣向荣，但遗憾的是，英文文献所载资料很少。

4.10　越南

数字农业在越南的主要应用场景是农场管理和专家咨

询，有超过 12 家公司提供相关服务（例如，SmartFarm，Agrimedia 和 Golden Paddy）。有些公司同时结合了农场管理与精准农业技术（例如，MimosaTEK）。

有一家名为 Agrio 的公司使用数字工具提供病虫害管理服务，这从一个侧面反映了病虫害管理在越南农业中的重要性。越南也使用无人机，但并未普及。

有越南官员表示，越南已经建立了利用数字技术进行作物和农业区划的作物预警和养分预测系统。

越南有四家物联网关联地面传感器的提供商。越南私营部门提供的最常见的供应链技术是数字追溯解决方案（有六家相关公司，如 JEDTrade，ScanTrust）。越南也发展了电子商务，例如，Koina 公司连接了农民和销售渠道。

金融科技（数字金融服务）方面，研究显示，越南有六家提供数字金融服务的公司。

由于农业在越南经济中一直占重要地位，数字技术为改善小农户生产、供应链和融资获取提供了很大空间。

5

个案研究：两种常见的
数字技术

从前文分析来看，有两类数字技术在东盟国家中最普遍：1）农场管理和专家咨询服务（包括物联网系统）；2）用于供应链管理的金融科技。下文将以个案研究分析的形式，进行详细讨论说明。

5.1 作物和农场数字化管理技术与专家咨询技术

如前所述，在很多东盟国家，农场管理和专家咨询均为常见的数字农业服务。编者遴选了一些案例进行详细说明，这些案例能体现有关技术在东盟国家的应用和发展潜力。

5.1.1 农场管理与农作物专家咨询

1）农业企业 A：FarmByte（马来西亚）

FarmByte 是一家农业企业，农场管理和专家咨询服务是其端到端数字化业务的一部分，其业务涵盖农资获取、农民组织和咨询、产品营销，并与金融机构（FI）相联系。之所以在此进行介绍，是因为该公司具有引领数字农业发展方向的潜力。

概述和发展目标。目前，马来西亚柔佛州的大多数小农户没有直接进入批发、零售市场，也没有与技术供应商和金融机构建立联系。马来西亚粮食、水果和蔬菜等作物的生产效率不高，导致当地面临粮食安全挑战，本国粮食体系脆弱使其花费大量外汇进口农产品。此外，马来西亚还面临其他东盟国家的共性问题：农业人口不断减少和老龄化，难以吸引非农人口或年轻人从事农业。大多数小农户也只能"接受市场价格"，生产产生的增值利润和收益由食品系统中的贸易商和其他中间商赚取。大多数小农户未使用数字技术。

FarmByte 是柔佛机构（JCorp）旗下的公司，在当地从事可持续农业食品业，在促进当地粮食安全中发挥着重要作用。该公司构建了连接农民、加工商、分销商和零售商的数字网络，旨在提高粮食产量，促进"从农场到餐桌"模式发展，提升社区发展水平。FarmByte 提供端到端的透明解决方案，致力于提高粮食安全水平、生产效率和产品质量。

FarmByte 与多家当地金融机构签订了谅解备忘录。该公司的发展目标是：对农民的信用状况形成数字记录，确保小农户能从金融机构获得更便捷的融资资金。具体做法是为每位农民建立记分卡，金融机构可以使用该记分卡来证明其融资决策的合理性。

设计标准——数字软件和硬件。根据该公司网站资料，其数字化内容包括：整合上游农民、中游加工和下游分销环节的辐射式模式；用技术赋能农民、让农民做出知情决策、优化资源、获得更大回报的数字方法；利用创新技术帮助农民生产高回报、高质量、高价值作物的创新技术；以及与价值链中的农民、批发商、零售商等其他参与者合作，提振农业食品业。

根据对 FarmByte 员工的采访，FarmByte 数字系统由各项子业务关联模块组成，包括：用于记录每个小农户的个人资料、管理实践（良好农业规范）、产量等的软件；供每个农民离线和在线使用的作物管理应用程序，并存储到集中的数据库；收集农民产量信息的软件；关于仓库的数字记录；以及关于融资方式和来源的数字记录。

总体设计标准是要建立一个端到端的数字系统，及时提供有关模块和子业务绩效的信息，并逐步开发一个分时间段的数据存储库，公司产品具有数字化、透明化、操作速度快和可扩展的特点。

该公司设有数字部门，负责开发符合其需求的专有软件。在没有保密协议（NDA）的情况下，软件的细节不会公开，这是私营部门的常见做法。

业务部署方面，FarmByte 目前经营着 200 公顷菠萝农场，加工新鲜菠萝并发展了将菠萝废料转化为生物肥料等增值业务。其业务涉及数百个小农户农场、仓库，并与主要食品零售商等购买商建立联系。该农业企业仅采用 B2B 模式（即企业对企业），并不直接面向消费者（B2C）。

公司的农产品已从最初的 7 种（辣椒、黄瓜、菠萝、秋葵、茄子、长豆角、苦瓜）扩大到现在的 30 多种。此外，FarmByte 还有养牛业务。FarmByte 与众多公共机构建立了伙伴关系，如大学（马来西亚博特拉大学）、政府研究机构（马来西亚农业研究与发展研究所，MARDI）、其他政府机构（联邦农业销售局，FAMA；柔佛州农业部；柔佛州经济规划局）和代表农民的机构（LembagaPertubhan Pela-dang，又称"农民协会"）。

公私伙伴关系方面，FarmByte 与 智慧农业公司 Green-heart、可控环境蔬菜种植公司 Archisen 和 AGROBANK 银行、Bank Rakyat 银行签订了协议。FarmByte 首席运营官表示，对于有助于加快其企业发展的本地或国际伙伴，他们都持开放态度。

产生的影响。FarmByte 的独特之处在于，作为一家农业企业，它希望发挥其社会影响力，提升小农户的生活水平、确保消费者拥有负担得起的安全农产品，能够为马来西亚粮食安全做贡献。该公司希望示范其运作模式，即既有商业盈利又有社会影响力，并计划向其他国家推广。

根据该公司网站资料，公司愿景为：从农场到餐桌，FarmByte 将在食品生产过程中的每个环节实现更高效率、更大生产力、更具可持续性。

● 通过创造就业机会和商业机会，改善农民和社区生计

● 优化农业投入和供应链，提高产量，减少浪费和碳足迹

● 实现全价值链定价透明，简化供应链并确保价格稳定

● 更多品种的农产品供应和质量的一致性

● 促进农业食品业可持续发展，使其在生产和产品质量方面具有国际竞争力

FarmByte 可能会成为一种新型公司的开拓者：即具有社会影响力的数字农业企业。

网站链接：https://farmbyte.com/，检索日期为 2023 年 12 月 1 日

2）农业企业 B：拜耳公司

拜耳（作物科学）是一家活跃于全球数字农业领域的德国跨国公司，其亚洲办事处位于新加坡。通过"美好生活农业"项目和其位于东南亚的各农民中心，该公司鼓励

小农户采用现代农业技术，如新种子、数字技术等，并进行适当的管理，以增加收入。

拜耳数字农业的核心是 FARMRISE，这是一套公司内部开发的数字应用程序，目前主要在南亚地区推广应用，但正逐渐扩展至东南亚。本书选择该公司作为案例，以说明大型跨国公司在这一领域所做的工作，这些工作的目的是响应东盟农林部长们提出的数字农业发展方向。

概述和发展目标。

FARMRISE：该软件旨在提供一个数字平台，向小农户提供相关农艺信息和建议，帮助他们做出决策、降低成本、提高产量并为其农产品产出争取更高的价格。FARMRISE 还能以多种语言提供及时、可靠和准确的农业信息。

设计标准——数字软件和硬件。FARMRISE 包括移动电话应用程序，如图 5-1 所示。

a. 农艺咨询：按阶段为客户提供关于定制化的作物种植、作物问题处理、施肥等相关建议。

图 5-1　FARMRISE 中的农艺咨询页面

b. 基于图像的病害识别：用户只需分享遭受病害的作物图片，即可轻松识别问题并获得解决方案。

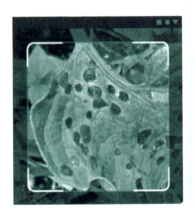

图 5-2　FARMRISE 中基于图像的病害识别页面

c. 数字记录：农民和有关政府工作人员能够输入作物生长周期的所有数据。

图 5-3　FARMRISE 中的数字记录页面

d. 市场价格：每日更新市场上 60 多种作物的价格。

图 5-4　FARMRISE 中的市场价格页面

105

e. 外部专家咨询伙伴关系：连接其他服务及方案提供商，如 GeoPotato、RIMPRO（针对苹果的专家咨询）和国际水稻研究所（针对水稻的专家咨询）。

FARMRISE 还提供最新资讯，如天气预报、农业新闻、活动预告，以及专家针对特定农业社区热点话题所撰写的文章。目前正在开发一款应用程序，使农民能够了解附近已发生，或者预测显示可能发生的病虫害情况。

AgrowSmart：一站式农业解决方案

AgrowSmart 旨在以参数化的形式向内部和外部利益相关方提供本地化的最佳作物建议——农艺、种子和性状、作物保护解决方案及相关内容，以支持业务发展和可持续发展目标。例如，AgrowSmart 的数字农艺咨询内容包含"农艺咨询的来源和搜索引擎"，搜索结果超过 1500 项。它还通过一个包含 396 种现有产品的知识库来提升内部能力，以支持业务发展。

例如，菲律宾的 AgrowSmart 包含以下内容：作物数量——4 种问题数量——昆虫（49）、病害（55）、杂草（35）解决方案——昆虫（54）、病害（20）、杂草（54）产品信息——作物保护（34）、种子（10）农艺咨询——咨询（13）。

实地业务部署。FARMRISE 和 AgrowSmart 涵盖多种作物。在实践中存在两种工作模式。

模式 1 是通过网络用户界面的呼叫中心、当地政府工作人员以及内部、外部和农民渠道访问 AgrowSmart。

模式 2 是直接使用 FARMRISE。

借助与地方政府官员（如推广官员）建立的公私伙伴关系（PPP），该数字应用程序得以推广和使用。

作为一家跨国公司，拜耳同时在多个国家和地区开发和测试应用程序，涉及地区从南亚一直延伸到东盟。

产生的影响。2022 年和 2023 年，超过 20 万农民通过模式 1 受益于 AgrowSmart 的；超过 7.5 万名农民使用了FARM-RISE。

在实施这两项特色数字技术的过程中，拜耳与相关国家的公共部门进行了合作，并在印度尼西亚的案例中，将"美好生活农业"中心作为公私伙伴关系的协调中心（https:// www.betterlifefarming.com/，检索日期为 2023 年 12 月 1 日）

网站链接：

https://farmrise.bayer.com/，检索日期为 2023 年 12 月 1 日

https://agrowsmart.bayer.com/en/userlogin，检索日期为 2023 年 12 月 1 日

水稻除草剂数字化战略（RHDS）：

拜耳作物科学公司正在日本试行一种"定制化"杂草管理解决方案，该解决方案在东南亚稻农中具有巨大发展潜力。

这是一个数字链接平台，包含用于农场管理和专家咨询的若干数字工具、针对不同杂草除草剂配方的数字信息，以及基于现有杂草类型分析得出的无人机喷洒干预方案。该系统类似于一个管理信息系统（MIS），拥有（1）一个监测和识别杂草的组件，（2）一个推荐水稻各生长阶段所需除草剂组合的分析组件，以及（3）使用无人机喷洒除草剂的

执行方案建议。

组件（1）监控指定的田地、识别杂草、分析杂草密度，并提供种植方法等相关信息。组件（2）将基于田地分析的处方与单一活性成分（AI）配方的水稻除草剂数据库相匹配，而后将这些处方传送到中央节点以施药。组件（3）使用自动无人机施用除草剂，减少了人工操作，省时省力。

10 月 16 日至 18 日在菲律宾马尼拉举行的国际稻米大会上展示的以下示意图，概述了该系统：

图 5-5　水稻除草剂数字化战略：从实地诊断到应用的过程

杂草是水稻中最重要的病害，如果控制不当，会导致大量减产，因此，该水稻除草剂数字战略系统将改变东盟水稻产业的格局，缩小产量差距，提高产量（见上文的第2.2.5节和图 2-2）。

3）东盟其他农业企业

东盟也是其他全球性和区域性大型跨国农业食品公司的所在地。除了本书所述公司外，一些公司已内部制定了持续开发和应用其专有技术的方案，例如 OLAM、CP（泰国）、San Miguel（菲律宾）、Sime Darby（马来西亚）。专有技术能为各家公司带来竞争优势，因此大多数公司都要求先签署保密协议（NDA）才愿意透露技术细节，为此本研究未能对其进行采访。

5.1.2 城市室内农场管理（高科技植物工厂）

农业企业 C：Archisen（新加坡）

Archisen 的愿景是为城市消费者提供其种植的新鲜蔬菜。

Archisen 是一家总部位于新加坡的农业科技公司，致力于设计、建设和实施解决方案，在城市室内农场种植超新鲜、绝对本土的农产品。

概述和发展目标。Archisen 的使命是"通过为大城市提供最新鲜、最营养、最美味的农产品，建立亚洲最大的城市农场网络。结合工程、科学和分析技术，我们致力于建立收益回报最高、最值得投资的农场。"

Archisen 由 Sven Yeo 和 Vincent Wei 创立，其经营的农场是新加坡产量最高的室内农场之一，预计每年蔬菜产量可达 100 吨。通过实施可控环境农业（CEA），该公司可以控制温度、湿度、光照强度、空气成分等各气象因素，从而可以配置最有利的环境，使作物具有天然、丰富的风味，并保留其营养价值。如今，Archisen 通过其旗舰品牌 Just Produce，已成为新加坡领先的优质产品零售商。

设计标准：数字软件和硬件。Archisen 提供三种主要的数字解决方案，即 CROPDOM、JUST PRODUCE 和 JUST HARVEST。

CROPDOM

Archisen 是新加坡第一家也是唯一一家通过综合城市农场解决方案 Cropdom 为合作伙伴提供全面农场管理解决方案的公司。Cropdom 由专有操作系统 Croptron 提供支持，该系统利用传感器、物联网技术和数据分析来跟踪、分析和改进农场管理流程。

Cropdom 是 Archisen 的交钥匙式综合城市农场解决方案，包括农场设计、市场分析、作物选择、农产品销售、获得监管批准以及财务建模，由该公司的专有软件 Croptron 驱动。

通过实时监测农场的重要参数，Croptron 专有软件可以收集数据，建立一个动态自动化系统以提高效率。由于每个农场都向 Croptron 提供了有价值的数据，这些农场同时受益于其他农场的数据，从而在每个收获周期逐步提高作物产量。通过机器学习，其系统和流程变得更加高效，使农场能够更快、更好地种植更新鲜的农产品。

Croptron 是 Archisen 的智慧城市操作系统，使用传感器、物联网技术和数据分析技术来改善农场管理流程和作物产量。目前，Croptron™ 仅适用于 Cropdom 的农场。

Archisen 通过其两个品牌（JUST PRODUCE 和 JUST HARVEST）将其农产品与其他室内农场的农产品区分开。

JUST PRODUCE

JUST PRODUCE 是 Archisen 的旗舰品牌，为客户提供最新鲜、最营养、最美味的农产品。目前，JUST PRODUCE 提供各种沙拉和特色草本植物。

JUST HARVEST

JUST HARVEST 是 Archisen 独特的"从农场到餐桌"解决方案，为零售店铺提供最新鲜的自种农产品。借由"从农场到餐桌"解决方案，其客户可在一天内收获新鲜的农产品并将其提供给消费者。

实地业务 / 部署。沙拉蔬菜，草本植物。

a. 伙伴关系（公私伙伴关系等）与马来西亚的 Khazanah 等政府投资集团合作。

b. 国际合作

Archisen 与一些国外公司合作，例如马来西亚的 Farm-byte，产生的影响。按时提供新鲜的特色蔬菜。

网站链接：https://www.archisen.com/，检索日期为 2023 年 12 月 1 日

5.2　农业供应链管理中的金融科技

为了说明金融科技对东南亚小农户的效用和重要性，本节选择了一家名为 AgriG8 的初创公司进行研究。编者对创始人及其团队进行了采访，以阐明金融科技的作用，即将农民与市场、金融机构 / 贷款人等更广泛的生态系统联系起来。

农业企业 D：农业金融科技公司 AgriG8

概述和发展目标。东南亚及其他地区的小农户（通常是指土地面积为 2 公顷或不足 2 公顷，生产粮食的家庭农场），对世界粮食供应作出了重大贡献，在水稻等小农户占主导地位的农产品生产方面尤为如此。

AgriG8 是新加坡的一家农业金融科技初创公司，成立

于 2021 年，致力于解决早期的水稻种植业融资缺口问题。如不予解决，此类问题在不久的将来将导致粮食安全问题。小农户融资难是限制农业生产力的关键问题之一，也限制了水稻进入供应链。

与此同时，该公司看到了利用融资渠道吸引稻农采取可持续种植方式的机会。为了完成这项复杂的任务，AgriG8 需要解决阻碍小农户（特别是水稻作物）投资流动的障碍，向更加可持续的农业做法过渡。

问题陈述。AgriG8 从可持续发展目标 8 和 13 的角度来定义这个问题，即"体面工作和经济增长"及"气候行动"。关于可持续发展目标 8 和 13 的可量化具体目标的详细内容，请参阅可持续发展目标链接 http://sdgs.un.org/zh/goals，检索日期为 2023 年 12 月 1 日。

1. 为实现可持续发展目标 8，我们应如何利用以前未开发的市场？如本文的概况部分所述，在金融机构有严格标准的情况下，部分客户无法获取银行服务，这是参与的一个障碍。

2. 当现有的可持续做法不能直接帮助小农户满足其迫切需求时，为了实现可持续发展目标 13，我们要如何推广可持续农业做法，并监测气候行动的结果（主要是测量、报告和验证）？

建议解决方案。AgriG8 的解决方案旨在促进金融机构创建新的细分市场，利用其资源为更可持续的粮食系统提供动力，这种方式在商业上对银行和其他生态系统参与者都是可行的。这暗示了将可持续发展目标 8 和 13 联系起来的重要性，即未来几十年的经济增长必须与气候行动同步进行。

AgriG8 利用对农业部门的深入了解，缩小金融机构与小农户借款人之间的差距。整体产品有助于贷款机构深入了解数百万小农户借款人，这是一个此前尚未开发的市场。

如上所述，AgriG8 选择稻米作为其目标商品，选择小农户作为核心目标群体。"小农户借款人"和"小农户"的表述均可使用，二者都指种植水稻的农业人口。

设计标准：数字软件和硬件。东南亚各发展组织通常将干湿交替灌溉技术（AWD）作为气候减缓工具推广给小农户，并向农民提供资金支持，激励他们改善水资源管理方法。有一些相关案例，比如在中国，碳信用收入的前景得到了保障。可持续水稻平台（SRP）的水稻种植可持续性标准等也得到了推广，目标是提供优质产品并将农民与全球市场联系起来。然而如果没有资金支持，仍然难以持续使用干湿交替灌溉技术。

AgriG8 的解决方案改变了原来的局面。AgriG8 没有将干湿交替灌溉技术作为增收机会微乎其微的气候减缓工具，而是将其作为一种融资途径，这种作用在耕作季节之初购买农资时尤为突出。

这种方法之所以可行，是因为金融机构正在积极推广与绿色可持续性相关的金融产品。具有强大社会和环境使命的金融机构不再满足于其投资带来的现金回报。每投资 1 美元，金融机构就希望看到 1 美元的收入增长，同时收获减少温室气体或改善生计等多重益处。

AgriG8 设想使用附加条件的绿色贷款来吸引小农户采

用干湿交替灌溉技术。根据借款人做出的额外努力，对其贷款给予折扣奖励，贷款金额可逐步减少。这些额外的努力产生了碳信用，参与的金融机构得以用低于市场价格的折扣率获得优先购买权，这证明了它们向农民提供的折扣是合理的。

数字框架（软件）。AgriG8 目前有一套捆绑在"CropPal"下的解决方案，包括：

a）面向小农户借款人的以农民为中心的移动应用程序，其功能包括但不限于建立农业管理活动的数字档案和保存记录。该应用程序还可用于碳信用项目开发商的监测、报告和核查（MRV），以完成数据报告和水稻生产碳排放量的计算。

b）作物产量预测模型，目前可以基于机器学习模型，使用多数据方法预测田间表现的轨迹。当前系统使用定性模型，AgriG8 正在朝着开发定量模型的方向发展。

c）贷款评估工具和数字贷款界面，供金融机构访问潜在的投资组合农户。

图 5-6　CropPal 应用程序界面

1）面向小农户的以农民为中心的移动应用程序。

这是一款可以在任何手机上使用的应用程序。农民将数据输入到一个视觉友好的界面，数据留在手机中或发送到云存储库。除了个人数据外，每个农场收集的数据还包括：

- GPS 定位；

- 农场作业日期（如犁耕、平整等）；

- 水稻的生长阶段（如分蘖、开花等）；

- 施肥（类型和时间）；

- 水资源管理（排水日期、灌溉日期）；

- 病虫害观察。

在 GPS 定位的指导下，AgriG8 的田间数据对农民收集的数据进行了补充，例如日照时间、降雨事件等。

随着时间的推移，在农耕季节，社区的农民会了解所在地区正在发生的情况，例如，如果一个农民遇到特定的害虫问题，其他农民就会了解这一情况，并开始观察自己的田地中是否存在该害虫。

目前，AgriG8 使用这些数据来建立关于小农户的档案，包括是否遵守良好农业规范（GAP）、一般作物管理技能等情况；所有这些内容都是促成以下第（3）的因素。

2）作物产量预测模型：该模型使用了多种数据，是一个多变量经验模型。其目标不是准确预测未来的产量，而是告知农民其产量是低于、等于还是高于产量预期标准。机器学习算法允许对预期产量进行定性估计，但随着未来获得种植季的数据的增加，AgriG8 正在朝着开发定量模型的方向发展。该模型目前由 AgriG8 的工作人员运行，并与手机应用程序一起用于评估特定地点的水稻作物生长表现。

3）金融机构的贷款评估工具和数字贷款界面：个体

小农户的作物记录、管理做法、GAP 的使用、产量等被输入到该工具中，该工具允许任何金融机构访问潜在的农户，并为该农户分配信用评分。这将有助于该农户获得下一季的资金。随着时间的推移，任何农民相对于社区其他人的相关表现都将显示在该工具中。

AgriG8 已经在越南和泰国进行了试点，并正在扩大其应用范围。

实地业务和部署。AgriG8 目前只专注于稻米。在测试其数字系统时，AgriG8 通过公私伙伴关系与泰国和越南的当地机构合作，并与联合国环境规划署（联合国环境署，UNEP）在泰国曼谷主办的可持续水稻平台（SRP）建立了伙伴关系。寻求与菲律宾的国际水稻研究所（IRRI）以及德国国际合作机构（GIZ）开展国际合作。

产生的影响。迄今为止，这些试点项目已使缅甸、印度尼西亚和越南的数百名小农户受益。主要的好处是改善了当地银行等金融机构的融资渠道。

网站链接：https://www.agrig8.com/，检索日期为 2023 年 12 月 1 日

121

6

个案研究：数字农业发
展与应用的影响因素

由于东南亚农民对数字技术的使用仍处于起步阶段，哪些因素可以加速农民友好型应用程序的开发、以及后续如何通过扩大规模来推广应用的问题值得关注。

6.1 促进数字农业发展与应用的普遍影响因素

东盟国家需要认识到并促进数字技术在农业中的使用。编者根据经验提出以下影响因素，如果得到采用，将有助于加快数字技术的采用。

与其他部门一样，数字农业的发展和采用必须建立公私合作伙伴关系，这种伙伴关系能为双方提供支持，并在活动中发挥协同作用。根据东盟国家经验，能够促进采用数字技术和其他现代技术的普遍影响因素如下：

1）政府扶持性政策、法规、工具；

2）融资机制与资本市场参与；

3）相关人力资源、教育、培训投资；

4）农业食品产销生态；

5）协调研发、商业企业、供应链发展的基础设施；

6）推动技术发展的创新创业文化；

7）小农户包容性机制；

8）社会认可与产品指导；

9）机构在农业生态中的明确作用。

下文将对每项内容作出详细说明。

6.1.1 政府扶持性政策、法规、工具

强调数字技术对于促进农业发展重要性的明确政策；该政策应包括实施、监管和推广的指导原则，并提供关于国家和国际部门之间伙伴关系的详细信息。此外，任何与政府为数字化初创企业提供的资助计划以及与风险基金等支持性私人资本的联系，都将大大激发民众的兴趣。

6.1.2 融资机制与资本市场参与

为促进开发数字应用、帮助软件开发人员打造互相支持的工作氛围，政府种子基金和孵化器的作用至关重要。新加坡和越南都建设了相关孵化器。

大多数初创公司的创始人，包括数字平台 AGTECH 的

创始人，并不完全了解公司从成立到上市的不同阶段应如何筹集资金和获得支持。例如，新加坡有指导初创企业的公共团体（如新加坡企业发展局）和私营创业加速器。图6-1 展示了初创企业的融资历程。

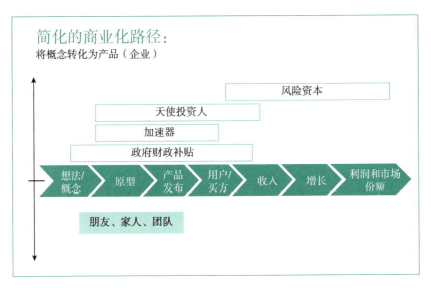

图 6-1　初创企业的典型商业化路径

在从概念到发布产品的各个阶段，初创企业通常都面临资金紧张的问题，必须从多个来源获得资金，包括来自家人和朋友、天使投资人、加速器和政府财政补贴的资金支持。即使在公司开始营收后，可能仍然需要借钱来运营，以进一步开发技术和扩大其业务和市场规模；此时，私人资本对维持公司的增长至关重要。

数字技术初创企业也必须了解农民是否做好了使用技术的准备。图 6-1、图 6-2 中的曲线被称为"死亡之谷"（VOD），描绘了初创企业生命周期中已经开始运营但尚未产生收入的时期。许多初创企业未能在"死亡之谷"中生存下来。

技术就绪水平（TRL）是一个有用的工具，代表一项技术是否可以进行商业发布（图 6-2）。许多公共机构，如政府研究机构或各类高等院校，经常提供技术研发资金来提升技术就绪水平，甚至将技术就绪水平提升到 6 级。初创企业启动时的技术就绪水平越高，商业化成功的可能性就越大。

具有高技术就绪水平的技术往往会吸引风险基金，因为投资人无需在"概念验证"（POC）和"价值证明"（POV）上费时费力。许多东盟国家都有风险基金，既有本土风险基金，也有全球性的风险基金。新加坡的风险基金包括 Temasek Holdings（淡马锡控股）、Wavemaker（蔚迈）、Trendlines 和 The Yield Lab。

金融化过程中还包括"风险投资创建"阶段，在这一阶段，可能已经出现了经过验证的、具有高技术就绪水平的产品，但尚未建立相关商业案例，尚不确定如何利用技术给企业带来利润、影响农民、扩大业务规模。这一特殊类别出资方相比风险投资基金较为少见。

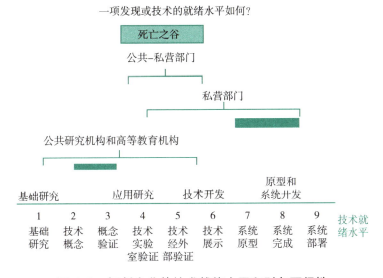

图 6-2 初创企业的技术就绪水平和财务可行性

6.1.3　相关人力资源、教育、培训投资

总的来说，对于东盟国家，要确保拥有足够成熟的各级技术专门知识，实现数字化蓬勃发展，人力资源都是一个关键影响因素。各国的技术研究所、理工学院和大学的课程可以培养这种专门知识；跨国公司运营的特殊机构时有相关培训，帮助技术人员熟悉特定技术，电信公司就常有此类培训。电信公司为供应链或农场专家咨询业务所需的云计算等技术提供了基本的基础设施。

6.1.4　农业食品产销生态

当农业数字化技术嵌入到一个更大的生态系统中时，成功的概率更高。在这个生态系统中，成员组织与核心组织（"倡导者"）形成伙伴关系并相互支持，成员组织具体包括政府机构、行业专家、金融家和投资者、人力资源开发人员、导师、加速器、初创公司等。例如，仍在发展中的新加坡农业食品生态系统拥有许多促进所需创新的利益攸关方，见图 6–3（来自 Teng 等，2019 年）。

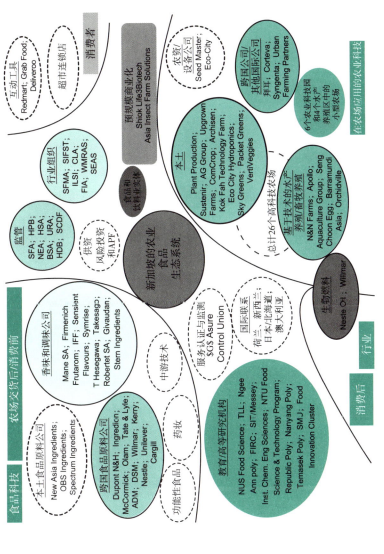

图 6-3 新加坡农业食品生态系统显示利益攸关方的复杂性

6.1.5 协调研发、商业企业、供应链发展的基础设施

东盟在发展数字农业方面还处于相对早期的阶段，需要向地区外的更先进国家学习成功经验。例如，在一些尽量避免内容重复的成功技术园区或生态系统中，协调基础设施发展是加速新技术开发和采用的重要影响因素。加利福尼亚州的"硅谷"和荷兰的"食品谷"等地区是这些国家避免破坏内部竞争、利用合作实现互惠互利的地区典范。

除了协调研发基础设施外，生态系统还可以发挥指导作用，让更成熟的公司与初创企业分享经验，帮助它们避免因犯错而付出高昂的代价，并恰当地应对政府的官僚主义。协调相关基础设施还能让问题的阐明更为清晰，将开发商与承购商联系起来，并产生直接解决小农户面临的差距或问题的数字技术。

6.1.6 推动技术发展的创新创业文化

成功实现数字技术创新的领域不仅拥有生态系统和强健的基础设施，还拥有创新和创业文化。文化不是依靠强

制要求或法制法规而形成的，它看不见摸不着，但可能是最重要的影响因素。

加利福尼亚州的硅谷、波士顿和麻省理工学院地区等在数字技术方面取得成功的地区都展现了出了相似的文化，其特点是初创企业敢担风险、志向远大的企业家获得指导、尊重失败、风险基金承担风险等。

在一些东盟国家，政府建设了基础设施，但忽略了企业家文化的建设，最终未能建成充满活力的数字技术部门。我们可以从中吸取教训，但本书不对此展开讨论。

6.1.7 小农户包容性机制

数字农业可以帮助小农户采用有助于提高生产力的工具，以及应对第二章所述的人力挑战。因此，在采用数字工具的过程中，必须有针对性地将小农户纳入其中，确保农民不会因技术难度大而望而却步。

有些技术并不适合所有规模的农场，这就意味着一些技术或许只有利于拥有大量土地的农民。一个很好的例子是，可以在使用了激光和 GPS 系统等数字导航技术的农田中使用现代激光水准仪。这些技术为美国等拥有大片农田的国家的农场提供了支持，但由于东盟的农田往往面积很小，土地所有权也很分散，这些技术在东盟国家的使用范围很有限。

确保小农户能够参与技术使用方法是，确保数字应用程序的设计标准考虑了两个重要因素。首先，东盟的大多数小农户没有受过良好的教育，更不是技术能手；其次，东盟农民的土地面积较小。另一个因素是，是否存在帮助小农户使用数字农业技术的技术转让或推广服务。

6.1.8 社会认可与产品指导

社会认可是指从农民到监管机构再到消费者的所有利益攸关方对新技术或新产品的接受程度。在一些东盟国家，运营智能无人机等数字工具和使用机器人和人工智能减少人力劳动尚未获得社会认可。因此，社会认可是技术采用的一个重要影响因素。

产品指导是指为帮助农民正确使用技术而提供的售后

技术服务，包括帮助及时解决使用中的困难。适当的产品指导将有助于获得农业社区早期（首批）采用者的信任，并通过这些农民获得社区其他农民的信任。

6.1.9 机构在农业生态中的明确作用

正如新加坡的案例研究所示，在任何一个国家的农业食品生态系统中，机构都有明确的作用。

人力资本开发机构是东盟国家数字化成功的关键。在第 2.4.1 节中提到的第 1 类东盟成员国中，需要大量援助来培训技术开发人员和应用人员。这些机构包括各类高等院校。由丁中国有许多优秀的农业机构，中国为提高第 1 类国家的人力能力而开展的"技术援助"项目将很容易取得成功，产生巨大的潜在影响。技术更先进的东盟国家（如新加坡、马来西亚）可以采取技术交流的形式加强合作共同探讨最新的创新成果，加快技术普及和应用。

金融机构，不论是公共金融机构还是私营金融机构都很重要，可以增加新数字工具的开发，并扩大其应用范围。在新加坡等东盟国家，新加坡企业发展局[1]和新加坡科技研究局[2]等政府相关机构为"种子"企业的发展工作提供竞争性补贴，或帮助"初创企业"发展。在东盟范围内运营的是由AgFUNDER[3]、The Yield Lab[4]和淡马锡控股等风险资本运营的私募股权基金[5]。一些东盟国家的私人银行（如Rabobank、RHB）是筹集资金支持数字应用程序开发的另一种途径。

研究机构是新技术的常见来源，但并不总是创新成果的发源地，因为许多研究机构没有能力将其知识产品或资金产品商业化。东盟国家有许多大学和研究机构（如马来

1　新加坡企业发展局.［EB/OL］.［2023-12-1］. https://www.enterpris-esg. gov.sg/?cid=sg|brand|sg|all|anv|gads|202001|202512|cpc|go|bran-ding||txt|||&utm_source=go&utm_medium=cpc&utm_campaign=brand-sg-all-anv-gads-202001-202512&utm_content=branding-txt&gad_source=1&gclid=EAIa IQobChMI7tPe9fnehAMVcRGDAx273AErE- AAYASAAEgKIH_D_BwE

2　新加坡科技研究局［EB/OL］［2023-12-1］. https://www.a-star.edu.sg/.

3　AgFUNDER.［EB/OL］.［2023-12-1］. https://agfunder.com/

4　The Yield Lab［EB/OL］.［2023-12-1］. https://www.theyieldlab.asia/.

5　淡马锡控股公司.［EB/OL］.［2023-12-1］. https://www.temasek. com. sg/en/index.

西亚的 MARDI、泰国的 NSTDA、新加坡的科技研究局），它们是潜在技术的重要来源，可能需要风险投资创建实体（如 Beanstalk）的援助，以将其新技术推向市场。

东盟内部的区域实体为促进、协调数字农业举措提供了很多机会，有时甚至为其提供资金。两个重要的区域实体是东南亚区域农业研究生研究中心（SEARCA）和东盟和东亚经济研究所（ERIA）。东盟和东亚经济研究所成立了 ERIA 数字创新和可持续经济中心（E-DISC），见 https://www. eria.org/news-and-views/category/all/centre-for-digital-in-nova-tion-and-sustainable-economy/，检索日期为 2023 年 12 月 1 日。

一些国家的行业团体／组织（如无人机制造商等）有帮助升级数字应用的潜力。到目前为止，它们还没有取得预期的效果。

经验表明，在应用程序能够产生大规模影响之前，生态系统的发展必须围绕数字农业展开。本节仅提供了简要回顾。

6.2 数字农业政策与行动等具体影响因素

在 RSIS、NTU 和 ERIA 进行的一项开创性研究中，Montesclaros 等（2023 年）确定了影响东南亚数字技术使用的五个问题，即：

● 小农户融资：小农户的资金获取挑战；

● 小农户态度：数字专家咨询服务推广的文化和信任障碍；

● 贸易与电子商务：农业电子商务发展零散、不具规模；

● 信息和通信技术与知识产权：数字应用程序间缺乏互操作性；

● 基础设施：缺乏数字化基础设施。

解决这些问题将改善数字技术的应用环境。

虽然这些内容通常适用于整个数字化挑战，但在之前讨论的四个领域（收获前规划、作物生产、供应链和数字金融化）也面临着具体问题。

数字化技术的收获前规划要求农民拥有获取规划软件所需的计算机设备和必要的互联网连接以及使用软件的技能。像 DSSAT 这样的决策指南也需要使用计算机的功能。在东南亚的小农户中，大多数农民没有电脑，也无法连接互联网。但这是农业企业家或许能够解决的问题。

要在作物生产中使用数字技术，农民必须有投资这些技术的经济能力，与任何引入的新技术一样，常见的问题是如何证明使用这些技术带来的成本效益，如能够提高产量、降低风险或提高投入使用效率。由于大多数小农户仍勉强糊口、缺乏资金，政府将不得不开发项目，以此支持引入和采用数字技术。不论数字化供应链的发展状况如何，大多数东南亚国家都在见证越来越多的小农户参与到现代供应链之中（Teng 和 Oliveros，2017 年）。

基于上述五个问题，下文进行了具体讨论，这对于鼓励东盟农业更大规模采用数字技术至关重要。

6.2.1 具体因素一：小农户融资支持政策

尽管东盟的小农户生产了大部分的粮食，但他们在农业融资的收益获得方面处于边缘地位。对东盟的第一个建议是制定政策，鼓励各国对数字农业技术进行价值链评估。评估内容应包括现有技术提供商商业模式的可维持性和可推广性（包括农民的采用和盈利能力），重点关注特定作物和相关市场、国家和地区。这将为确定哪些细分部门仍然未获得数字技术的充分服务提供信息。

根据上述内容，建议成立一个私人和国际融资提供商联盟，以支持数字化转型。如果没有激励措施，农民就不会主动采用技术。除了风险投资，更多资金来自电子商务提供商、承购商或集成商，以及提供农资的公司。

实践证明，作为合作伙伴和资金来源的电子商务提供商在其他地理区域也发挥了作用。例如，拼多多于 2015 年成立，2018 年在纳斯达克上市，今天已成为中国最大的电子商务平台（衡量标准为截至 2021 年的用户数量），它直接支持农民与市场建立联系，并为其提供资金。农资提供商也可以作为合作伙伴和资金来源。如果政府政策不加以阻止，那么这两种情况都可能发生。拜耳作物科学公司是全球顶尖的投入解决方案提供商之一，它还通过其"Grants4Ag"（农业资助）方案发起了研究提案竞赛，并为竞赛的获胜者提供资金支持。

因此，东盟可以发展一个由私营机构（电子商务平台提供商、农资提供商和承购商）和国际组织（双边、多边、区域性）组成的联盟，使其能够在农业领域发挥支持作用，包括弥补采用数字农业应用程序的资金缺口。

承购商有潜力成为合作伙伴和资金来源。例如，东盟地区的主要承购商奥兰国际（Olam International）通过使用数字平台促进农民参与，为超过 14.2 万名农民提供了良好农业规范培训，并为超过 7 万名农民进行了土壤做法培训，在 2020 年"创新领导者"奖项评选中获得了"影响力奖"。除此之外，目前还有一些行动者正在通过双边和国际合作（美国国际开发署、澳大利亚国际发展署、德国国际合作机构和日本国际协力机构）促进东盟数字农业适应气候变化，提高产量。这些举措多多益善，但如果这些干预措施能够更加合理且设置优先级，东盟将进一步从中受益。为此，需要解决这些举措中不必要的重复问题。在许多正在实施的双边援助项目中，已经找到了解决问题的办法，潜在的努力方向是合理配置资本，避免冗余。这些对话可以建立在亚太经合组织、10+3、10+6 及其他现有机制合作平台上。

6.2.2 具体因素二：农民态度转变，数字专家咨询服务推广的文化与信任障碍消除

大多数小农户没有接受过正规教育，对数字技术望而却步。此外，大多数人都利用世代相传的传统知识进行耕作。

东盟必须鼓励其成员国探索提供推广服务的"线上线下"组合模式，促进智慧农业和数据共享。线上技术普及需要利用私营部门开发的应用程序，包括社交媒体应用程序，线下技术普及利用农民口口相传共享最佳实践，获得信任。这需要合作社、村长和村级作物收购者或经销商的配合，鼓励农民采用更好的技术。

这种方法有助于推进《东盟关于促进东盟食品和农业部门利用数字技术的指导方针》。该指导方针由第 43 届东盟农业与林业部长会议（2021 年 10 月）批准，目标是帮

助农民了解技术应用能够带来的好处。例如，一些消费者和承购商或机构买家可能会更看重采用可追溯技术的农民，并优先购买提供原产地信息的农民生产的农产品。如果能将这一信息传达给农民，他们就会认识到，通过应用可追溯技术能够获得更多进入市场的机会，由此受到激励。

6.2.3 具体因素三：贸易与电子商务，解决农业电子商务发展零散、不具规模的问题

在解决农业电子商务推广问题时，东盟可以深入探索开发东盟农业跨境电子商务平台（APCEA）（Montesclaros 等，2023 年）。传统的交易模式大多基于企业对企业的交易。即便有电子邮件等数字通信技术的帮助，企业对企业交易的基础仍然是寻找卖家信息的传统方式。相比之下，跨境零售贸易的区域数字平台将使进口商能够更容易地筛选提供特定产品的出口商，以便获得质量更高、成本更低的农产品。这将鼓励小农户融入现代数字电子商务供应链。开发东盟农业跨境电子商务平台的另一个重要因素是，需要激励农民使用数字可追溯应用程序。因为如果不具有可

追溯性，东盟农业跨境电子商务平台可能会导致更多的食品欺诈和食品安全风险，最终导致需要调查和批准的交易数量大幅增加。因此，需要将可追溯性要求纳入既定的东盟国际食品标准，特别是东盟食品安全监管框架（AFSRF）。

世界银行数据库显示，目前采用数字支付的群体主要为年轻人以及受过高等教育的人群。因此，东盟国家需要开展有针对性的技术推广活动，面向老年人以及受教育程度较低的农民和消费者。同样，也需要将电子商务带来的好处传达给农民。政府的推广服务应包括向农民提供信息和进一步支持，促进食品业务数字化以适应新常态。政府支持措施包括提供创业教育、使用移动支付以及在当前电子商务平台上传播信息。

6.2.4　具体因素四：信息通信技术与知识产权，解决数字应用程序互通问题

《东盟领导人关于推进数字化转型的声明》（2021 年 10 月）有力地推动了地区经济部门的数字化。然而，农业数字服务成本高昂仍是一项长期挑战，这在一定程度上导致

了该部门数字化发展缓慢。东盟应考虑开发一个平台，让农民能够将所有不同合作伙伴的数据连接在一起。这可以通过制定农业数据应用统一标准（HSDAA）来实现，该标准可以提供数据和数据应用的统一分类，从而实现更系统的数据检索和使用。理想情况下，这将成为一种跨应用程序的通用语言，使目前可用的多种数字技术可以实现互操作和标准化。私营公司可以在多个数字服务提供商间进行比较，这也有助于促进私营公司向农民提供帮助，并确定最适合的服务提供商。要实现这一目标，需要在通信部门同步实现基础设施等标准化。

要开发跨多个应用程序的可互操作性平台，潜在的障碍是无法解决农民和技术开发人员的数据保护问题。由于这会影响农业业务以及农民和竞争者的交易，因此不利于农民分享作物生长情况和产量信息。如果暴露了行业秘密，也会打击到技术开发人员的积极性。

因此，必须用知识产权（IP）保护、安全指南及规范来补充农业数据应用统一标准和 APDAA。由于东盟采用的全球知识产权标准符合世界知识产权组织（WIPO）和东盟已经签署的《专利合作条约》(PCT），有必要在此类合作中引入知识产权保护的部分。特别是应在《东盟知识产权合作框架协议》中增加条款，重点是实现多个数字农业平台和应用程序之间的数据共享。

6.2.5 具体因素五：应对数字化基础设施建设挑战

从基础设施运输以及互联网和电信的角度，推动数字市场兴起的另一个因素是高效的物流渠道，因此需要重点投资开发。其中包括联通农资提供商和农民的物流渠道，理想情况下，农民应能够决定从哪个农资提供商处采购化肥、农药等，不让当地的物流基础设施成为限制决策的因素。还包括联通农民和消费者的物流渠道，理想情况下，消费者应能够决定从哪个农民处获得农产品，不让地理区域成为限制决策的因素。

因此，应鼓励东盟国家制定连接次区域和消费者的路线。从向农民销售和交付投入品，再到向消费者销售和交付食品，畅通的渠道可以让市场更具竞争力，也可以为长期的基础设施项目发展奠定基础。发展基础设施可以采取渐进的方法，优先考虑靠近中心的地区，并逐渐向外转移到偏远地区。

解决上述问题的首要因素是获得受技术友好政策支持的公共和私人投资基金。数字农业的实施不能脱离其他部门，银行和航空公司等数字化采用率高的其他部门也有可能对农业数字化产生外溢效应。

6.2.6　新加坡的作用

作为东盟中经济最发达的国家，新加坡的人均 GDP 最高，对数字基础设施的投资额也很高，但农业发展有限，在增加农业数字技术应用方面，新加坡应如何发挥作用？

在东盟内部，新加坡是金融投资、人力资本开发和技术创新的重要来源。新加坡政府明确表示，按照政府的设想，新加坡将成为城市和农村农业新数字技术的"中心"，并为此投入了大量资金（Teng，2021 年）。新加坡是一个城邦国家，其数字化目标是要走出新加坡，走进更大的东盟和亚洲市场。

政府支持的机制使新加坡能够发挥这一推动作用。新加坡企业发展局成立的宗旨是帮助新加坡公司走向海外，提升其技术产品的档次。同样，联合国开发计划署全球技术、创新和可持续发展中心（https://www.undp.org/poli-cy-centre/singapore，检索日期为 2023 年 12 月 1 日）是联合国开发计划署和新加坡成立的一家合资企业，旨在利用新加坡的资源促进发展，并将数字农业纳入其使命。

目前，全世界几乎所有拥有和使用数字技术的农业食品跨国公司的亚洲总部都设在新加坡，新加坡也是大型金融机构和风险基金的所在地。综合来看，这意味着新加坡可以成为东盟以外的外部实体（如中国）的合作伙伴，以促进在东盟内部开展合作。

此外，新加坡在支持应用数字技术方面具备重要的有利因素，即其作为商业化中心具备被认可的专业知识，能够将想法、发现转化为产品并推向市场。许多东盟国家并不具备这类专业知识。

参考文献

AgFunder（2020）. *ASEAN 2020 AgriFoodTech Investment Report*. San Francisco, California: AgFunder. https://agfunder.com/research/asean-2020-agrifoodtech-investment-report/（accessed 17 September 2021）.

ASEAN（2020a）. *ASEAN's 2016–2025 Vision and Strategic Plan for ASEAN Cooperation in Food, Agriculture and Forestry*. Jakarta, Indonesia: ASEAN.

（2020b）. ASEAN Comprehensive Recovery Framework. https://asean.org/wp-content/uploads/2021/09/ASEAN-Comprehensive-Recovery-Framework_Pub_2020_1.pdf（accessed 17 September 2021）.

ASEAN-Plus Three Food Security Information System（AFSIS）（2020）. *ASEAN Early Warning Information* No. 25,

December 2020.

(2021). *ASEAN Agricultural Commodity Outlook No. 27*, December 2021.

ADB (2022). *Key Indicators for Asia and the Pacific 2022*. Manila: Asian Development Bank.

Aruna Technology (2022). 'Remote Sensing and Image Processing'. Aruna Website, http://arunatechnology.com/solutions/remote-sensing-and-image-processing/ (accessed 26 January 2022).

(2022). 'Trimble Survey Equipment'. Aruna Website, http://arunatechnology.com/products/trimble-survey-equipment/ (accessed 26 January 2022).

Bostock, J. (2009). 'Use of information technology in aquaculture'. *New Technologies in Aquaculture*, 1064-1118. Retrieved from https://doi.org/10.1533/9781845696474.6.1064 (accessed 1 December 2023).

Dahlberg Global Development Advisors (2012). *Catalyzing*

Smallholder Agricultural Finance. Dahlberg Global Development Advisors, Citi Foundation and Skoll Foundation.

Dawe, D. C., Moya, P. F., Casiwan, C. B., & Cabling, J. M.（2008）.'Rice marketing systems in the Philippines and Thailand: Do large numbers of competitive traders ensure good performance?'.*Food Policy, 33*（5）,455-463.

Dawe, D., Dobermann, A., Moya, P., Abdulrachman, S., Singh, B., Lal, P.,. Li, S.Y., Lin, B., Panaullah, G., Sariam,O., Singh, Y., Swarup, A., Ta, P.S. and Q.X. Zhen.（2000）. How widespread are yield declines in long-term rice experiments in Asia? *Field Crops Research* 66: 175-193.

DeHaat（2021）.'Farmers Application-Solution for Farmers'. DeHaat Website, https://agrevolution.in/solution-for-farmers（accessed 17 September 2021）.

Deloitte（2017）.'Smart Livestock Farming: Potential of Digitalization for Global Meat Supply'.*Discussion Paper 11/2017*, 1-36. Retrieved from https://www2.deloitte.com/content/

dam/Deloitte/de/Documents/operations/Smart-livestock-farming_
Deloitte.pdf

Dy, R.（2009）. *Food for Thought. How Agribusiness is Feeding the World*. Philippines: University of Asia and the Pacific.

Economist Intelligence Unit, Global Food Security Index （2022）. https://foodsecurityindex.eiu.com/Index（accessed 1 December 2023）.

Farmlink（2022）. 'Traceability', Farmlink Website, https://www.farmlink-cambodia.com/traceability（accessed 26 January 2022）.

Food and Agriculture Organization（2018a）. *The state of food security and nutrition in the world 2018: building climate resilience for food security and nutrition*. Rome: UN FAO.

（2018b）. 'Drones help map out at-risk agricultural land in the Philippines'. UN FAO YouTube Page, https://www.youtube.com/watch?v=tBtCVX-j_ek（accessed 1 December 2023）.

（2019）. 'Suite of Food Security Indicators. UN FAOStat

Database. https://www.fao.org/faostat/en/#data/FS（accessed 30 May 2019）.

（2021）. 'Crops and livestock products'. *UN FAOstat Database*. UN FAO. http://www.fao.org/faostat/en/#data/QCL（accessed 17 September 2021）.

（2013）. *ICT Uses for Inclusive Value Chains*. Rome: Food and Agriculture Organisation of the United Nations（UN FAO）. http://www.fao.org/3/a-aq078e.pdf（accessed 17 September 2021）.

（2022）. "World Food Situation-Food Price Index".UN FAO Website（accessed 19 January 2022）.

G2.com（2021）. 'Best ERP Systems', G2.Com Website, https://www.g2.com/categories/erp-systems（accessed 17 September 2021）.

Global Forum for Rural Advisory Services GFRAS（2022）. 'Laos'. GFRAS Website, https://www.g-fras.org/en/training-material/94-world-wide-extension-study/asia/south-eastern-asia/304-laos.html#title-ict（accessed 4 March 2022）.

Grassini, P., Eskridge, K., and K. Cassman（2013）. Distinguishing between yield advances and yield plateaus in historical crop production trends. *Nature Communications,* 4.

Grow Asia（2021）. 'Grow Asia Digital Directory', Grow Asia Website, https://directory.growasia.org/（accessed 17 September 2021）.

GSMA（2020a）. Digital Agriculture Maps: 2020 State of the Sector in Low and Middle-Income Countries. https://www.gsma. com/mobilefordevelopment/resources/digital-agriculture-maps/（accessed 17 September 2021）.

（2020b）. Mobile Connectivity Index Database 2019. https:// www.mobileconnectivityindex.com/（accessed 17 September 2021）.

GYGA（Global Yield Gap Analysis）（2021）. 'Yield Gaps in Rice'. https://www.yieldgap.org/web/guest/coverage-and-data-download（accessed 17 September 2021）.

Hale, T., Angrist, N., Goldszmidt, R., Kira, B., Petherick, A.,

Phillips, T., Webster, S., Cameron-Blake, E., Hallas, L., Majumdar, S., and Tatlow, H.（2021）.‘A global panel database of pandemic policies（Oxford COVID-19 Government Response Tracker）.’ *Nature Human Behaviour* 5, 529-538（2021）. https://doi. org/10.1038/s41562-021-01079-8（accessed 1 December 2023）.

Hong, Raksmey（2019）.‘Smart Farm Assistance: The app set to transform the lives of farmers’.Phnom Penh Post, 10 July. https://www.phnompenhpost.com/lifestyle-creativity-innovation/ smart-farm-assistance-app-set-transform-lives-farmers（accessed 26 January 2022）.

ISF Advisors, Mastercard Foundation Rural and Agricultural Finance Learning Lab（2019）. *Pathways to Prosperity: Rural and Agricultural Finance. State of the Sector Report.* https:// pathways.isfadvisors.org/（accessed 19 January 2022）.

International Monetary Fund（2020）.‘Financial Access Survey’. *IMF Website,* https://data.imf.org/?sk=E5DCAB7E-A5CA-4892-A6EA-598B5463A34C（accessed 17 September

2021）.

Lipinski B, Hanson C, Lomax J, Kitinoja L and Waite R, Searchinger T（2013）. Reducing food loss and waste. World Resources Institute, Washington DC, Working Paper 2013.

Loh, Dylan（2020）.'ASEAN faces wide AI gap as Vietnam and Philippines lag behind'. Nikkei Asia, 9 October. https://asia. nikkei.com/Business/Technology/ASEAN-faces-wide-AI-gap-as-Vietnam-and-Philippines-lag-behind2（accessed 17 September 2021）.

Marson, Jennifer（2021）."Data Snapshot: Online Restaurant & Mealkit investment was a $326m variety pack in H1 2021". *AgFunder News*, 17 November.

McFadden, J., Eric Njuki, and Terry Griffin（2023）.Precision Agriculture in the Digital Era: Recent Adoption on U.S. Farms. USDA/ERS Economic Information Bulletin Number 248.

Meier, U.（2001）.'Growth stages of mono-and dicotyledonous plants.' *BBCH Monograph, 2nd Ed.* https://web.archive.org/

web/20181015152947/https:/ojs.openagrar.de/index.php/BBCH/
article/view/515（accessed 17 September 2021）.

Mikolajczyk, S., Mikulcak, F., Thompson, A., Long, I.,（2021）.
*Unlocking smallholder finance for sustainable agriculture in
Southeast Asia.* Climate Focus and WWF.

Ministry of Agriculture, Indonesia（2020）. *Strategic Plan
of the Indonesian Ministry of Agriculture 2020-2024.* FFTC
Agricultural Policy Platform（FFTC-AP）. https://ap.fftc.org.tw/
article/1842（accessed 26 January 2022）.

Ministry of Agriculture and Forestry, Laos（2015）.
Agriculture Development Strategy to 2025 and Vision to 2030.
p.41. http://extwprlegs1.fao.org/docs/pdf/lao163566.pdf（accessed
1 December 2023）.

Ministry of Agriculture, Forestry and Fisheries, Cambodia
（2020）. *Agricultural Sector Master Plan 2030.* https://
server2.maff.gov.kh/parse/files/myAppId5hD7ypUYw61sTqML/
ba20d59da305e6e57d19fd29e3983fd0_1581673681.pdf（accessed

26 January 2022）.

Montesclaros, J.M.L.（2021）.'Changing the narrative of ASEAN progress in addressing hunger: 'Snoozing' the alarm for SDG# 2?' *Food Security*, 1-2. https://doi.org/10.1007/s12571-021-01158-8（accessed 26 January 2022）.

Montesclaros, J.M.L.（2021b）. The "Internet of Things" in Agriculture: Pitfalls and Opportunities. *Think: Tomorrow's Technology Today*. The Head Foundation Digest. https://headfoundation.org/wp-content/uploads/2021/12/THINK-9_Tomorrows_Technology_Today.pdf（accessed 1 December 2023）.

Montesclaros, JML and Paul S. Teng（2021）. Agriculture and Food Security in Asia, Chapter 7, In:

Climate Change, Disaster Risks, and Human Security-Asian Experience and Perspectives, pp. 137-168. Edtd. J.Pulhin, M. Inoue, and R. Shaw. Springer.

Montesclaros, Jose Ma. Luis and Paul Teng（2023）. "Impact of COVID-19 on Singapore' s Rice Supplies and Future Food

Security Challenges" in *Just Another Crisis? The Impact of the COVID-19 Pandemic on Southeast Asia's Rice Sector.* Edited by Jamie S. Davidson. Singapore: ISEAS-Yusof Ishak Institute. pp. 161-189.

Montesclaros, J. M., Babu, S. C., Teng, P. S.（2019）. 'IoT-enabled farms and climate-adaptive agriculture technologies: Investment lessons from Singapore.' *IFPRI Discussion Paper* 1805. Washington D.C.: International Food Policy Research Institute. https://doi.org/10.2499/p15738coll2.133079（accessed 26 January 2022）.

Montesclaros, J.M.L., Teng, P. and M. Caballero-Anthony.（2023）. Digital Technology Utilization in the Agriculture Sector for Enhancing Food Supply Chain Resilience in ASEAN: Current Status and Potential Solutions. RSIS Project Report June 2023. https://www.rsis.edu.sg/wp-Solutions_RSIS_ERIA-June2023.pdf （accessed 1 December 2023）.

Mooney, Pat（2018）. 'Blocking the Chain: Industrial

food chain concentration, Big Data platforms and food sovereignty solutions'. ETC Group, Global Change-Local Conflict?, INKOTA-Netzwerk, Rosa-Luxemburg Stifung, July. http://www.etcgroup.org/sites/www.etcgroup.org/files/files/ blockingthechain_ english_web.pdf（accessed 30 January 2021）.

Nelson GC, Rosegrant MW, Koo J, Robertson RD, Sulser T, Zhu T, Ringler C et al（2009）.Climate change: Impact on agriculture and costs of adaptation. IFPRI Food Policy Report, IFPRI, Washington, D.C. http://www.ifpri.org/publication/climate-change-impact-agriculture-and-costs-adaptation（accessed 28 August 2017）.

OECD（Organization for Economic Cooperation and Development）and World Bank（2015）. *Inclusive Global Value Chains: Policy Options in Trade and Complementary Areas for GVC Integration by Small and Medium Enterprises and Low-income Developing Countries.* Paris: OECD.

OECD（2019）. *Digital Opportunities for Better*

Agricultural Policies, OECD Publishing, Paris, https://doi.org/10.1787/571a0812-en.

OLAM International（2019）. *Olam Insights,* Issue 1/2019. https://www.olamgroup.com/content/dam/olamgroup/investor-relations/ir-library/olam-insights/olam-insights-pdfs/Olam_Insight2019_Issue1.pdf, accessed 17 September 2021.

（2021）.'Sustainability', OLAM Website, https://www.olamgroup.com/sustainability.html（accessed 17 September 2021）.

Padang（2021）.'Home page'. Padang Website, https://www.padang.co/（accessed 17 September 2021）.

Pangilinan, Francis N.（2015）. Francis N Pangilinan, Secretary. Office of the Presidential Assistant for Food Security and Agricultural Modernisation: Interview. Oxford Business Group. https://oxfordbusinessgroup.com/interview/francis-n-pangilinan-secretary-office-presidential-assistant-food-security-and-agricultural（accessed 26 January 2022）.

Payrat, P. G.（2017）.'An Inventory of New Technologies

in Fisheries, Paris, France: OECD and Norwegian Ministry of Trade, Industry and Fisheries'. *OECD Issue Paper*. https:// www.oecd.org/greengrowth/GGSD_2017_Issue%20Paper_ New%20technologies%20in%20Fisheries_WEB.pdf（accessed 17 September 2021）.

Poungchompu, S.U., Tsuneo, K., Poungchompu P.（2012）. 'Aspects of the aging farming population and food security in agriculture for Thailand and Japan.' *International Journal of Environmental and Rural Development*, 3（1）:102-7.

Prahalad, C.K.（2004）. *The Fortune at the Bottom of the Pyramid*.

Roslan, Biebie（2021）. 'Encouraging development in the agricultural sector with $471 million gross product value in 2020'. *The Brunei Post*, 13 June. https://www.thebruneipost.co/ national/myce-2021/2021/06/13/encouraging-development-in-the-agricultural-sector-with-471-million-gross-product-value-in-2020/ （accessed 26 January 2022）.

Rigg, Jonathan, Phongsiri, M., Promphakping, B., Salamanca, A. and Sripun, M. (2020). 'Who will tend the farm? Interrogating the ageing Asian farmer'. *The Journal of Peasant Studies*, 47:2, 306-325, DOI: 10.1080/03066150.2019.1572605 (accessed 1 December 2023).

Saadah, S., Salam, M., & Sakia, N. (2021). 'Measuring margin and efficiency of the rice marketing channel'. *IOP Conference Series: Earth and Environmental Science* (Vol. 681, No. 1, p. 012107). IOP Publishing.

Sarath, Sorn (2020). 'New high tech move in farming'. *Khmer Times*, 27 August. https://www.khmertimeskh. com/50757473/new-high-tech-move-in-farming/ (accessed 26 January 2022).

Savary,S., Willocquet,L., Castilla, N., Nelson, A., Singh, U.S., Kumar,J. and P.S.Teng. 2022.

Whither rice health in the lowlands of Asia: Shifts in production situations, injury profiles, and yields. *Plant Pathology*,

71:55-85. DOI: 10.1111/ppa.13490（accessed 1 December 2023）.

Schwab, K.（2017）. *The fourth industrial revolution.* Currency

SEARCA,（2021）. *Guidelines for Promoting the Utilization of Digital Technologies for ASEAN Food and Agricultural Sector.* https://asean.org/wp-content/uploads/2021/12/FAFD-52.-ASEAN-Guidelines-on-Promoting-the-Utilization-of-Digital-Technologie.pdf（accessed 1 December 2023）.

Skrinath, S.（2021）.'Why Contract Farming Could Be the Next Big Thing for Agritech Startups'. *Techiexpert*, 16 March. https://www.techiexpert.com/the-next-big-thing-for-agritech-startups/m（accessed 17 September 2021）.

Sovanny, Soung（2019）. "Drones ease the backbreaking work of the Kingdom's farmers'. *The Phnom Penh Post*, 31 July. https://www.phnompenhpost.com/lifestyle-creativity-innovation/drones-ease-backbreaking-work-kingdoms-farmers（accessed 26 January 2022）.

Stads, G. J., Nin-Pratt, A., Omot, N., & Thi Pham, N.（2020）. *Agricultural research in Southeast Asia: A cross-country analysis of resource allocation, performance, and impact on productivity*. IFPRI and Asia-Pacific Association of Agricultural Research Institutions. https://doi.org/10.2499/p15738coll2.134063（accessed 26 January 2022）.

Sylvester, G.（2019）. *E-agriculture in Action: Drones for Agriculture,* Bangkok, Thailand: Food and Agriculture Organization of the United Nations, and International Telecommunication Union. Retrieved from http://www.fao.org/3/I8494EN/i8494en.pdf（accessed 1 December 2023）.

Tan, Audrey（2021）. 'Budget 2021: New $60m agri-food cluster transformation fund to boost local production through technology'. *The Straits Times*, 16 February. https://www.straitstimes.com/singapore/budget-2021-new-60m-agri-food-cluster-transformation-fund-to-boost-local-production（accessed 30 January 2022）.

TE-FOOD（2019）.'TE-FOOD Signed a MoU with Laos'.
Medium, 6 June. https://medium.com/te-food/te-food-signed-a-
mou-with-laos-2f40dc89bb5c（accessed 1 December 2023）.

Temasek, PwC, Rabobank（2019）. *The Asia Food
Challenge: Harvesting the Future.* Singapore: PwC, Rabobank,
Temasek. https://www.asiafoodchallenge.com/（accessed 17
September 2021）.

Teng, Paul.（2020）. Assuring Food Security in Singapore, a
Small Island State facing COVID-19.

Food Security. DOI 10.1007/s12571-020-01077-0.

Teng, Paul.（2022）. Food Import: Reducing ASEAN's
Dependency. RSIS Commentary No. 073——5 July 2022. https://
www.rsis.edu.sg/rsis-publication/nts/global-food-insecurity-food-
import-reducing-aseans-dependency/#.Yu8lxnZBw2w（accessed 1
December 2023）.

Teng, P., Adriano, L.S.（2021）. Rural Transformation of
Southeast Asia Agriculture and Natural Resource Sectors: An

Insight Paper. Report submitted to Asian Development Bank, March 2021. 141 p. Manila: ADB.

Teng, P., Lassa, J. (2016). 'Food Security'. *An Introduction to Non-Traditional Security Studies* (Ed. Mely Caballero-Anthony), Chap. 7, pp.115-133. London: Sage.

Teng, Paul P.S. and Maria C.S. Morales (2013). Rethinking Food Security: Robustness as a Paradigm for Stability. RSIS Commentaries No. 111/2013 dated 19 June 2013.

Teng, P. and Oliveros, J.A.P. (2017). The Enabling Environment for Inclusive Agribusiness in Southeast Asia. Asian Journal of Agriculture and Development 13 (2):1-30.

Teng, Paul and Jose Ma Luis Montesclaros (2023). Agricultural Transformation for Small (Island and Developing). States. *Asian Journal of Agriculture and Development* 20 (1): 13-30.

Teng, P., Caballero-Anthony, M. and Jose M.L.P. Montesclaros (2021). ASEAN responses to COVID-19 for assuring food security. In: Advances in Food Security and Sustainability Vol. 6: COVID-19 and Food Security（Elsevier）. pp. 84-116.

Teng, P., Jose Ma. Luis Montesclaros, Rob Hulme and Andrew Powell.（2019）.The Evolving Singapore Agrifood Ecosystem. NTS Insight, no. IN19-03, August 2019. https://www.rsis.edu.sg/wp-content/uploads/2019/08/NTS-Insight-TengMontesclarosHulmePowell-Aug2019.pdf

The ASEAN Post Team（2021）.'ASEAN Losing Billions To Illegal Fishing'. *The ASEAN Post*, 13 June.

The Star（2020）. 'App to connect Cambodian farmers to millions' *The Star*, 23 January. https://www.thestar.com.my/news/regional/2020/01/23/app-to-connect-cambodian-farmers-to-millions（accessed 26 January 2022）.

Thun, E.（2012）. "The Globalization of Production." In *Global Political Economy.* edited by J. Ravenhill. United States: Oxford University Press.

UNCDF（2020）. Annual Report 2020. https://www.uncdf. org/article/6831/annual-report-2020（accessed 1 December 2023）.

Van Ittersum, Martin K., Kenneth G. Cassman, Patricio Grassini, Joost Wolf, Pablo Tittonell, and Zvi Hochman.（2013）. 'Yield gap analysis with local to global relevance—a review,' *Field Crops Research* 143, pp: 4-17.

Voutier, P.（2019）. *Driving Smallholder AgriTech Adoption: Insights from Southeast Asia's Farmers. Grow Asia.* Singapore: Grow Asia Partnership Ltd., http://exchange.growasia. org/system/files/Driving%20AgriTech%20Adoption%20-%20 Insights%20from%20Southeast%20Asia%27s%20Farmers.pdf （accessed 17 September 2021）.

WeFarm（2021）. 'About WeFarm'. *WeFarm website,* https://about.wefarm.com/about（accessed 17 September 2021）.

World Bank（2018）. *Global Findex Database 2017: Measuring Financial Inclusion and the Fintech Revolution.*

Washington, D.C.: World Bank. https://openknowledge.worldbank. org/handle/10986/29510（accessed 17 September 2021）.

（2022）. *World Development Indicators Database.* https:// databank.worldbank.org/source/world-development-indicators （accessed 26 January 2022）.

World Commission on Environment and Development（1987）. *Our Common Future, From One Earth to One World.* https:// sustainabledevelopment.un.org/content/documents/5987our-common-future.pdf（accessed 1 December 2023）.

Yuan, S., Stuart, A.M., Laborte, A.G. et al.（14 authors）（2022）. Southeast Asia must narrow down the yield gap to continue to be a major rice bowl. *Nature Food* 3:217-226. https://doi.org/10.38/s43016-022-00477-z（accessed 1 December 2023）.

Zadoks, J.C.; Chang, T.T. and Konzak, C.F.（1974）. 'A decimal code for the growth stages of cereals'. *Weed Research.* 14（6）: 415-421. doi:10.1111/j.1365-3180.1974.tb01084.x（accessed

1 December 2023）.

Zhao, J., Li, A., Jin, X., & Pan, L.（2020）. 'Technologies in individual animal identification and meat products traceability'. *Biotechnology & Biotechnological Equipment, 34*（1）, 48-57. doi:10.1080/13102818.2019.1711185（accessed 1 December 2023）.

附录 东盟国家部分数字农业企业名单

国家	名称	类别
文莱	Agrome IQ	农场管理／专家咨询
柬埔寨	Chamka	农场管理／专家咨询
	PasarMIKRO	农业电子商务
	FarmCloud，Koltiva	农场管理／专家咨询
	TaroWorks，TaroWorks	农场管理／专家咨询
	Agribuddy	农场管理／专家咨询
	SmartRisk，SmartFarm	农场管理／专家咨询
	Chamka	农场管理／专家咨询
印度尼西亚	8Villages	供应链
	Freship	农业电子商务
	Elevarm	供应链
	Ekosis	农业电子商务
	Pohaci	农场管理／专家咨询
	Tanihub	B2B／B2C 电子商务
	Minapoli	B2B 电子商务
	Neurafarm	智慧农业／精准农业
	Mertani	精准农业／农场管理
	E Granary	农业电子商务
	PasarMIKRO	农业电子商务

国家	名称	类别
印度尼西亚	Zeemart	农业电子商务
	Agridesa	农业电子商务
	Aria	农场管理／专家咨询
	MadEats	线上餐厅和预制菜
	Gobble	线上餐厅和预制菜
	FairFlavor Foods	食品生物技术
	Crown Digital	储藏技术
	Olsera	储藏技术
	GREENS	智慧农业
	LoFi	线上餐厅和预制菜
	AgriAku	农业电子商务
	KulinerKu	线上餐厅和预制菜
	klikit	线上餐厅和预制菜
	Bakool	线上餐厅和预制菜
	ODA.VN	线上餐厅和预制菜
	Beleaf	智慧农业
	Waku	线上餐厅和预制菜
	BuiltaMart	农业电子商务
	Faba Food	线上餐厅和预制菜
	GRANDBIO.SOLUTIONS	智慧农业
	Goodie	线上餐厅和预制菜
	Vitality Foods	农业电子商务
	Robopreneur	机器人
	Runchise	农场管理／专家咨询
	Plant Cartridge	智慧农业

续表

国家	名称	类别
印度尼西亚	FishLog	数字化采购
	Rino	生鲜电商
	Bananas	生鲜电商
	Aquatronik	物联网
	DELOS	智慧农业
	KedaiSayur	农业电子商务
	WasteX	智慧农业
	Life Origin	智慧农业
	FoodMap	农业电子商务
	Insect Feed Technologies	智慧农业
	SmartBite	线上餐厅和预制菜
	Jago Coffee	储藏技术
	Uena	数字化采购
	AgriAku	农业电子商务
	Eratani	农场管理／专家咨询
	Natural Trace	可追溯
	Frea	线上餐厅和预制菜
	Chickin	农场管理／专家咨询
	Dart	生鲜电商
	Treatsure	生鲜电商
	eFishery	物联网／智慧农业
	Semaai	农业电子商务
	AwanTunai	融资
	Hangry	线上餐厅和预制菜
	Astro	生鲜电商

国家	名称	类别
印度尼西亚	Wahyoo	线上餐厅和预制菜
	Esensi Solusi Buana	线上餐厅和预制菜
	Sayurbox	生鲜电商
	Ralali	B2B 电子商务
	KitaBeli	B2C 电子商务
	HappyFresh	生鲜电商
	Dropezy	生鲜电商
	LenddoEFL	融资
	Poladrone	无人机
	SimpleAgri	农场管理和专家咨询
	iAPPS/Slide	融资
	Data analytics	智慧供应链
	mFish, Fachmile Technologies	可追溯
	Koltiva（KoltiTrace, KoltiTrade, KlotiSkills, KoltiPay）	农场管理和专家咨询
	TaroWorks	农场管理和专家咨询
	GeoTraceability	可追溯
	Farmforce	农场管理和专家咨询
	neoInt	可追溯
	JEDTrade	智慧供应链
	Weather Index Based Insurance for Smallholder	保险
	Agrio, Saillog	农场管理和专家咨询

续表

国家	名称	类别
印度尼西亚	Advance AI driven analysis	遥感
	Enveritas	智慧供应链
	Cadasta Platform	农场／土地数据收集
	Bluenumber	可追溯
	SIPINDO	农场管理／专家咨询
	Digital Farm Development Plan	农场管理／专家咨询
	MyCrop Technologies	农场管理／专家咨询
	TaniFund	农场管理／专家咨询
	Eragano Agritech	农场管理／专家咨询
	LISA，8Villages	农场管理／专家咨询
	N-Frnds	智慧供应链
	CROWDE	融资
	Tanijoy（试验中）	融资
	AgUnity	移动支付
	HARA	智慧供应链
	Akvo Flow	智慧供应链
	Datahub（8Villages）	农场数据收集
	RegoPantes（8Villages）	农业电子商务
	LuckKnow	农场管理／咨询
	SmartRisk，SmartFArm	农场管理／咨询
	Jiva	农场管理／咨询
	Jala	农业电子商务
	Precision farming crops	农场／土地数据收集
	Multipurpose drones	无人机

续表

国家	名称	类别
印度尼西亚	Agri surveys	农场/土地数据收集
	FARM-Mapper	农场/土地数据收集
	Pandu Cakrawala	遥感
	Terra Drone	遥感
	Drone Spraying Indonesia	病虫害管理
	Garuda	无人机
马来西亚	Urban Farm Tech	城市室内农场
	PlantOS	针对室内农场，物联网/精准农业
	Umami Meats	食品生物技术
	Off Meat	食品生物技术
	Off Meat	食品生物技术
	Azaylla	智慧供应链
	Dropcc	D2B /数字化采购
	Kapitani	融资
	LenddoEFL	移动支付
	Poladrone	无人机
	SimpleAgri	农场管理/专家咨询
	Eaglesensing	遥感/分析
	GeoTraceability	可追溯
	neoInt	可追溯
	JEDTrade	可追溯
	SourceTrace	可追溯
	Adatos	土壤测试
	Bluenumber	可追溯
	Fefifo	农场管理/专家咨询

国家	名称	类别
马来西亚	CropBASE	农场管理／专家咨询
	Koltiva（KoltiTrace，KoltiTrade，KlotiSkills，KoltiPay）	农场管理／专家咨询
	小农户天气指数保险	保险
	Blockchain advisory, dynamic discounting, Jupiter chain	可追溯
	eService Everywhere	可追溯
	BoomGrow	智慧农业
	FARMBYTE	智慧农业，智慧供应链
	Kambyan	无人机
	Dragonfly Robotix	农场／土地数据收集
	Braintree Technologies	农场／土地数据收集
	Aerodyne	无人机
	大疆农业	无人机
缅甸	MyFarmer Labs	融资
	AGRiG8	融资／农场管理／专家咨询
	Slide，iAPPS	融资
	mFish，Eachmile Technologies	可追溯性
	Golden Paddy，Impact Terra	农场管理／专家咨询
	小农户天气指数保险	保险
	SatSure Sparta	遥感
	Cadasta Platform	农场／土地数据收集
	Htwet Toe，Village Link	农场管理／专家咨询

国家	名称	类别
缅甸	Green Way，Greenovator	农场管理／专家咨询
	Tun Yat	农场管理／专家咨询
	SmartRisk，Smartfarm	农场管理／专家咨询
菲律宾	FarmerLink	农场管理和专家咨询／电子商务
	Kaleidoscope	农业电子商务
	Tagani	物联网／农场管理／专家咨询
	Agrabath Ventures	农业电子商务
	Pitik	智慧农业
	Rare Global Food Trading Corp	农业电子商务
	MooMart	农业电子商务
	SariSuki	生鲜电商
	MAYANI	农业电子商务
	Mio App	生鲜电商
	Gokomodo	智慧供应链
	Astro	生鲜电商
	CloudEats	线上餐厅和预制菜
	Aruna	智慧农业，物联网
	Dropee	农业电子商务
	Kraver's Canteen	线上餐厅和预制菜
	GrowSari	B2B 电子商务
	LenddoEFL	融资，移动支付
	SimpleAgri	农场管理／专家咨询
	iAPPS	融资

国家	名称	类别
菲律宾	Eaglesensing	遥感，分析
	mFish，Eachmile Technologies	可追溯
	Koltiva	农场管理／专家咨询
	TaroWorks	农场管理／专家咨询
	neoInt	可追溯
	eService Everywhere	可追溯
	mySmartfarm（试验中）Smartfarms Network Pte Ltd	农场管理／专家咨询
	SatSure Sparta	保险
	FarmERP，Vishwaam Info，Tech	可追溯
	Crabifier（试验中），De La Salle University	农场管理／专家咨询
	ImPACT（试验中）。Pessl Instruments	农场管理／专家咨询
	Cropital	农场管理／专家咨询
	Farmerlink，Grameen Foundation	农场管理／专家咨询
	iFarms，iFarms, Inc.	智慧农业，IoT
	SmartRisk，Smartfarm	农场管理／专家咨询
	Agronator Philippines	无人机
	BMS Agri	无人机
	FlyGuys	无人机
	GCASH	移动支付
	PALENG-QR Ph Plus	融资

续表

国家	名称	类别
新加坡	Jiva	融资
	MooMa	智慧农业
	CMO on Wheels	电子商务／B2B，B2C
	Chloropy	生鲜电商
	Terraview	物联网／精准农业
	Bloom Agro	农场管理／专家咨询
	Adatos AI	遥感／农场和土地数据收集／分析
	Ratio	储藏技术
	Nutrition Technologies	智慧农业
	Next Gen Foods	智慧农业
	Perx Technologies	线上餐厅和预制菜
	umitron	智慧农业
	Oddle	B2B 电子商务
	Entobel	智慧农业
	StoreHub	农业电子商务
	umitron	物联网／智慧农业
	Touché	储藏技术
	Protenga	智慧农业
	Getz Group	融资
	Singrow	智慧农业／物联网
	Vertical Oceans	智慧农业
	Saturn Agtech	智慧农业／物联网
	SmartBite	线上餐厅和预制菜
	Wittaya aqua	智慧农业／物联网

续表

国家	名称	类别
新加坡	DiMUTO	农业电子商务
	Archisen	智慧农业／物联网
	Umami meats	食品生物技术
	VertiVeggies	智慧农业／物联网
泰国	Apricot delivery	生鲜电商
	Sailors	B2C 电子商务
	Aerodyne Group	无人机
	LINE MAN Wongnai	农业电子商务
	FreshKet	线上餐厅和预制菜
	Poladrone	无人机
	SimpleAgri	农场管理／专家咨询
	iAPPS	融资
	Eaglesensing	遥感／分析
	mFish，Eachmile Technologies	可追溯
	Farmforce	农场管理／专家咨询
	SourceTrace	农业电子商务
	FarmAI，ListenField	农场管理／专家咨询
	FarmERP	农场管理／专家咨询
	Ricult	融资
	SmartRisk，SmartFarm	农场管理／专家咨询
	Talad	农场管理／专家咨询
	Thai SkyVision	无人机
	Capthailand	无人机
越南	WeatherPlus Solutions Jsc	农场管理／专家咨询
	Vietnam Blockchain Corporation（VBC）	可追溯

续表

国家	名称	类别
越南	Postmart	B2C 电子商务
	Kilimo	农业电子商务
	Tepbac	智慧农业／物联网
	Koina	农业电子商务
	Nhanh	智慧供应链
	LenddoEFL	融资
	Poladrone（更名为 AONIC）	无人机
	GeoTraceability	可追溯
	Farmforce	农场管理／专家咨询
	JEDTrade	可追溯
	Golden Paddy，Impact Terra	农场管理／专家咨询
	Agrio，Saillog	病虫害管理
	FarmAI，ListenField	农场管理／专家咨询／数字化专家咨询
	mySmartfarm（试验中）Smartfarms Network Pte Ltd	融资
	MimosaTEK	物联网／精准农业
	RT Analytics	数字化分析
	Agrimedia	农场管理／专家咨询
	Sat4Rice（试验中），Nelen & Schuurmans	遥感
	ScanTrust	可追溯
	SmartRisk，SmartFarm	农场管理／专家咨询
	XAG P100 Pro Agricultural Drone	无人机